Peter Kummer

Gespräche mit meinem Schutzengel

W0067792

Peter Kummer

GESPRÄCHE
mit meinem
Schutzengel

//////////////////////////////////// SILBERSCHNUR ❦ VERLAG

Copyright © 2004 Verlag »Die Silberschnur« GmbH; 1.-2. Auflage erschienen unter dem Titel »Die Schutzengel AG. Partner ohne Risiko«, mit der ISBN 978-3-89845-083-6.

ISBN: 978-3-96933-026-5

1. überarbeitete Neuauflage 2022

Umschlaggestaltung & Satz: XPresentation, Güllesheim; unter Verwendung verschiedener Motive von © rudall30; © AnnaTamila und © keren-seg, www.shutterstock.com
Druck: Finidr, s.r.o. Cesky Tesin

Verlag »Die Silberschnur« GmbH · Steinstraße 1 · D-56593 Güllesheim
www.silberschnur.de · E-Mail: info@silberschnur.de

Die Wahrheit triumphiert nie –
aber ihre Gegner sterben langsam aus.

Es gibt keine Sicherheit,
aber unheimlich viel Angst,
sie zu verlieren.

Dank

Mein besonderer Dank gilt sowohl Silva Pantini als auch ihrem Lebensgefährten Gerhard Kleiner, auf deren Unterstützung und freundschaftliche Betreuung ich bei der Entstehung dieses Buches gar nicht hätte verzichten können. Ich bedanke mich auch ganz besonders bei Eveline Harder, einer sehr lieben Freundin aus der Schweiz, die mir genau zu dem Zeitpunkt ein Gedicht von Hermann Hesse zumailte, als ich es am allernötigsten brauchte, um dem vorliegenden Buch einen, wie ich finde, optimalen Abschluss geben zu können. Last but not least gilt mein Dank aber auch Corinna Freiberg, die mir überhaupt erst den Kontakt zu Silva Pantini vermittelte und somit unfreiwillig und indirekt zur Geburtshelferin dieses Buches wurde.

Inhalt

Engel, die Stimme unseres Gewissens 54 – Alles nicht
so leicht zu verstehen 56

Die Erde wird immer ein Prüfungsplanet sein 62 –
Engel dürfen nicht eingreifen 63 – Wann exakt beginnt
die Arbeit des Schutzengels? 65 – Warum gibt es Fehl-
und Totgeburten? 68 – Wie kommt eine Seele zu einer
Inkarnation? 69

Gefallene Soldaten reinkarnieren in der Regel schon
bald wieder 76 – Der Lebensplan ist mit dem Schicksalsplan des Planeten verbunden 78 – Die Erdenzeit ist
von Anfang an festgelegt 79 – Was geschieht bei einem
Selbstmord mit der Seele? 82 – Wer bestimmt, wer
wann wo inkarniert? 85 – Homosexualität 86

Wie seht ihr Engel eigentlich aus? 92 – Sprechen Engel
auch miteinander? 94 – Kann man euch Engel eigentlich
auch sehen? 99 – Reinkarnation ist Realität 102 – Die
Bibel wurde schon immer verfälscht 103 – Deine letzte
Inkarnation war in Rom 105 – Was er uns nicht sagen
darf 106 – Das Todesdatum steht fest 107 – Dieses
Flugzeug musste abstürzen 110

Ich lebe mit dir in deiner Wohnung 114 – Engel machen
niemals Urlaub 116 – Der Engel als Bindeglied zwischen

Vorwort: Werkstattbericht

Liebe Leserinnen und Leser,

viele von Ihnen kennen mich bereits schon länger als Autor von Lebenshilfebüchern bzw. auch als Erfolgstrainer und Seminarleiter. Deshalb wird sich der oder die eine oder andere von Ihnen bestimmt etwas verwundert fragen, warum ich jetzt mit einem Thema komme, welches einen völlig anderen Ursprung hat, als das, was Sie bisher von mir gewohnt waren. Warum, so denken Sie sich vielleicht, begibt sich Peter Kummer, der doch bisher stets sachliche, korrekte, rationale und für jeden nachvollziehbare Selbsthilfeliteratur verfasste, nun plötzlich in einen Bereich, welchen man ohne Weiteres als tief esoterisch, ja vielleicht sogar schon als etwas »abgehoben« bezeichnen könnte.

Nun, ich versichere Ihnen, dass all das, was Sie in diesem Buch lesen werden, für mich im Laufe der Jahre und meiner persönlichen Entwicklung lebendige Realität geworden ist, eben weil ich es exakt so erlebt habe, wie Sie dies auf den nun folgenden Seiten lesen werden. Wenn ich Ihnen im Folgenden also von meinen Gesprächen mit meinem ganz persönlichen Schutzengel berichte, so ist dies mit der Zeit meine ganz individuelle Art und

Weise geworden, mit meiner inneren Stimme, meinem Unterbewusstsein bzw. meiner Seele zu kommunizieren.

Zugegeben, es war ein langer und auch nicht immer einfacher Weg, auf den ich mich da einließ. Aber aus meiner heutigen Sicht eben auch mein ureigener Weg, sprich Lebensplan, der mich schließlich zu mir selbst und somit zwangsläufig auch zu Gott führte. Ein Weg aber auch, der so lange noch nicht zu Ende sein wird, wie meine Seele Gast in diesem meinem heutigen Körper aus Fleisch und Blut sein wird. Doch nur, weil ich genau diesen Weg mit den vielfältigsten Höhen, aber auch Tiefen immer ganz konsequent weiterging, konnte ich mit der Zeit einen immer inniger werdenden Kontakt mit meinem ganz persönlichen Schutzwesen, Zacharias, knüpfen, der Anfang 2004 plötzlich beschloss, aus seiner Immunität herauszutreten und sich mir vorzustellen. Zacharias eröffnete mir, dass alles, was ich in diesem Leben getan habe bzw. noch tun werde, bereits vor meiner Geburt auf Seelenebene geplant war und ich nun von ihm genau darüber mehr und ausführlicher unterrichtet werden könnte, wenn, ja, wenn ich dies wollte. Als ich ihn etwas flapsig fragte, warum er denn so »geschraubt« daher redete, antwortete er mir: »Lieber Peter, alles in diesem Leben unterliegt dem freien Willen. Du«, so meinte er, »entscheidest, was du hören oder nicht hören, was du sehen oder nicht sehen, was du annehmen oder nicht annehmen willst. Du ganz allein entscheidest auch, ob du den Weg des Guten oder des Unguten gehen willst und auch, ob du deinen zuvor mit uns abgesprochenen Lebensplan erfüllen möchtest oder nicht. Deshalb darfst auch du jetzt völlig frei darüber entscheiden, ob du noch etwas mehr über das Leben, den Tod, die geistige Welt oder auch deinen Lebensplan wissen möchtest – oder nicht.«

Da ich es nicht als selbstverständlich voraussetzen kann, dass sowohl der Kontakt als auch der Umgang mit den Engeln für Sie, liebe Leser:innen, heute bereits schon eine Ihrer leichtesten Übungen ist – schließlich hätten Sie dieses Buch in diesem Fall ja gar nicht kaufen müssen –, möchte ich Sie im Folgenden deshalb möglichst ausführlich mit der Arbeitsweise der Engel mit uns Menschen bekannt machen, und zwar so, dass Sie auch die subtileren Botschaften, die von Zacharias sehr oft und ganz bewusst zwischen den Zeilen versteckt werden, aufspüren, erkennen und verstehen lernen.

Der Schutzengel kennt seinen jeweiligen Schützling nämlich nicht nur auf Seelenebene aus dem »Effeff«, sondern immer auch dessen jeweils aktuelle finanzielle, partnerschaftliche, berufliche, gesundheitliche und psychische Situation viel, viel besser als er bzw. sie selbst. Trotzdem wird er uns immer nur so viel sagen, wie wir a) verstehen können und b) brauchen, um selbst die passenden Schritte in Richtung Erfüllung unseres jeweils ureigenen Lebensplanes gehen zu können. Beispielsweise wird der Engel niemals etwas preisgeben, was uns auf unserem weiteren Lebensweg beeinflussen könnte.

Nehmen wir ein Beispiel: Eine Frau ist schon sehr lange sehr einsam und fragt bei ihrem Engel nach, ob sie bald einen geeigneten Partner finden wird. In diesem Fall wird der Engel – sollte eine erneute Partnerschaft tatsächlich im Lebensplan dieser Frau vorgesehen sein – vielleicht sagen: »Ja, du wirst sogar noch die ganz große Liebe deines Lebens treffen und du wirst diesen Mann auch sofort erkennen, wenn du ihn siehst, aber ich darf dir nicht sagen, wann du ihn kennenlernen wirst, und ich darf dir auch nicht sagen, wie er aussieht, denn das würde dich ja auf deinem weiteren Werdegang nur beeinflussen. Bitte aber jetzt nicht spekulieren, sondern dein Leben leben wie bisher und nur vertrauen. Nur so viel: Mit diesem Mann – der vielleicht fünf bis sechs Jahre älter ist als du – wirst du nicht nur sehr glücklich werden, sondern du darfst mit ihm zusammen auch sehr alt werden. Du darfst dich darauf freuen!«

Die Engel sagen uns in diesem Falle also durchaus, was noch alles auf uns wartet, allerdings nie, wo, wann und wie.

Ähnlich verhält es sich mit aus unserer Sicht negativen Ereignissen, wie z. B. anstehenden Krankheiten, Unfällen oder gar dem Tag unseres Abrufes aus diesem Körper. Dass Letztgenanntes immer ein völliges Tabu bleiben muss, dazu, glaube ich, sind an dieser Stelle keinerlei weitere Erklärungen notwendig; allerdings gibt es zu Krankheiten und Unfällen sehr wohl etwas zu sagen, nämlich dass die Engel uns durchaus vor solchen Ereignissen warnen können, damit wir diesen durch eine Änderung unserer gegenwärtigen Lebensweise entweder komplett entgehen oder sie zumindest in ihrer vielleicht noch Heftigkeit eindämmen können.

Beispiel: Du müsstest etwas mehr auf deine Lunge achten, auch mit deinen Nieren solltest du etwas sorgsamer umgehen. Dieser Hinweis könnte bedeuten: Hör bitte auf zu rauchen, ansonsten … oder: Lass künftig den Alkohol besser weg und trinke stattdessen drei Liter Wasser pro Tag, weil … oder: Geh' in die Eigenverantwortung und suche einen Arzt deines Vertrauens auf, der dir diesbezüglich weiterhelfen kann.

Die Engel sagen uns generell auch immer nur das, von dem sie genau wissen, dass wir damit auch umgehen können und nicht überfordert sind. Sie sind für uns sowohl Freund und Berater als auch Spiegel und Mahner zugleich. Immer wieder teilen sie uns auch mit, dass sie uns unsagbar lieben. Überhaupt hat die Liebe, die sie verströmen und zu deren Praktizierung und Anwendung sie uns im Umgang mit uns selbst, unseren Mitmenschen und auch mit ihnen immer wieder anhalten, höchste Priorität für sie. In jedem Wort, jeder Silbe kann man fast greifbar spüren, dass sie eine unglaublich tiefe Liebe umgibt, die ihr gesamtes Wesen und Wirken federführend bestimmt. Die Engel wissen auch sehr genau, welcher Wortwahl sie sich bedienen müssen, um uns auf der jeweiligen Stufe, auf der wir uns im Moment gerade spirituell und intellektuell

14

befinden, zu erreichen, um uns ihre Tipps und Botschaften vermitteln zu können. Sie sind – wie Zacharias sich einmal ausdrückte – aber auch alles andere als »blondgelockte, geflügelte Püppchen«, die man in eine Vitrine stellt, sondern ganz im Gegenteil »tatkräftige Burschen« (Originalton Zacharias), die extra für und mit uns Menschen auf die Erde gegangen sind, um uns zu führen und uns zur Seite zu stehen. Engel haben aber auch – und dieses Buch ist, wie ich finde, ein sehr guter Beleg dafür – sehr viel Humor, und sie wollen vor allem, dass wir mit ihnen ebenso normal reden wie wir dies auch mit unseren besten Freunden tun.

Sie kennen natürlich auch all unsere Ängste, Unsicherheiten bzw. Befürchtungen, gehen darauf ein, und je engagierter wir uns auf die Zusammenarbeit mit ihnen einlassen, desto mehr freuen sie sich über unsere Fortschritte, ähnlich wie sich beispielsweise Eltern über die Fortschritte ihres Kindes freuen können.

So, liebe Leser:innen, ich denke, das genügt fürs Erste, um Sie ein wenig auf das nun Folgende einzustimmen. Nochmals: Vergessen Sie bitte niemals, dass es gerade zwischen den gedruckten Zeilen oft viel mehr zu finden und zu entdecken gibt, als in den Worten, Satzzeichen und Buchstaben selbst. Die Aufgabe der Engel ist es nämlich nicht, uns die weltlichen Dinge abzunehmen oder diese gar für uns zu erledigen, sondern dabei zu helfen, dass wir mittels Führung durch die göttliche Liebe mit der Zeit selbst dahinterkommen, was das Leben von uns möchte bzw. was das Beste für uns ist.

Nun wünsche ich Ihnen also viel Freude beim Lesen und, wer weiß, vielleicht auch beim Staunen über all das, was Zacharias uns allen in diesem Buch mitzuteilen hat.

1. Kapitel

Zacharias stellt sich vor

*I*ch gebe gerne zu, dass ich schon etwas nervös war, als ich Silva Pantini zum ersten Mal gegenübersaß. Schließlich sollte ich in wenigen Minuten den ersten Kontakt mit meinem ganz persönlichen Schutzengel erleben dürfen, mit ihm sprechen und ihm Fragen über mein Leben stellen können.

Einige Tage zuvor hatte eine Bekannte mir sozusagen zwischen Tür und Angel eröffnet, dass sie selbst ihren persönlichen Schutzengel kennengelernt und von ihm viel über ihre Vergangenheit, Gegenwart, vor allem aber über ihre Zukunft erfahren hatte. Natürlich ließ ich mir von ihr sofort die Telefonnummer jenes Mediums geben, das mittels ihrer ungewöhnlich medialen Fähigkeiten solche Kontakte herstellen kann und in Insider-Kreisen seit vielen, vielen Jahren einen äußerst guten Namen und Leumund hat.

Nun saß ich also Frau Pantini gegenüber, einer Dame mittleren Alters, aber mit einem sehr, sehr jugendlichen, sympathischen und attraktiven Äußeren, die so gar keinen abgehobenen, geschweige denn mystischen Eindruck auf mich machte. Nachdem sie ebenfalls Platz genommen hatte, griff sie sich noch schnell ein Blatt Papier, einen Bleistift, schaltete flugs ihren Kassettenrekorder ein und schon begann sie die erste Sitzung mit meinem Schutzengel, der ich schon seit Tagen höchst ungeduldig entgegenfieberte.

Zuerst führte der Engel Frau Pantinis Hand und schrieb in großzügigen Buchstaben den Namen »Zacharias« auf ein Blatt Papier, nicht ohne ihn anschließend zu untermauern, indem er ihn auch noch drei Mal unterstrich.

Eigentlich hatte ich ja erwartet, dass sich Frau Pantini in eine Art Trance begeben würde, denn solcher Art waren meine bisherigen Erfahrungen mit den verschiedensten Channelings, an denen ich bis dato teilgenommen hatte. Aber weit gefehlt, sie blieb die ganze Zeit nicht nur hellwach, sondern war sogar in der Lage, sich selbst in das Gespräch zwischen mir und Zacharias einzuschalten. Warum und weshalb sie diese ganz ungewöhnlichen Gaben hat, darüber werde ich Ihnen im Verlauf des Buches noch etwas genauer berichten. Zunächst sollen Sie aber erfahren, wie sich Zacharias anhand eines etwa sieben- bis zehnminütigen Monologes bei mir, seinem Schützling, vorstellte und was er mir alles über meine Vergangenheit, Gegenwart und Zukunft mitzuteilen hatte.

Die Begrüßung

»Ich bin Zacharias, dein ganz persönlicher Engel des Schutzes, und ich begrüße dich in großer Liebe, Freude und Dankbarkeit, dass ich heute in dieser Stunde mit dir sprechen kann und darf. Gebetet habe ich immer wieder zu der unendlichen göttlichen Energie, dass ich irgendwann einmal mit dir eine Kommunikation haben darf und die Zeit dafür auch reif ist. Nun, meine Gebete wurden erhört, du bist gekommen und ich darf nun sprechen und dir raten. Als Erstes möchte ich dir sagen, du bist mein Schützling, du bist aber auch vor etwa 2000 Jahren schon einmal mein leiblicher Sohn gewesen, denn, weißt du, ein Schutzengel muss meist zwei oder drei Mal unter den Menschen auf eurer Erde leben, um das

Menschliche kennenzulernen, und dann wird hier auf unseren »Akademien« in der geistigen Welt Schutzengel studiert.

Und so habe ich meine geistig-wissenschaftliche Ebene verlassen, wo ich bis dahin arbeitete, bin an deine Seite gegangen und habe dir in dem Augenblick, in dem du geboren wurdest, den Erdensegen gegeben. Du hast mich damals angesehen, hast gelächelt und deine Seele war im wahrsten Sinne des Wortes ganz zufrieden, denn du wusstest tief in deinem Inneren, dein einstiger leiblicher Vater und jetziger Schutzengel Zacharias ist nun wieder an deiner Seite.

Und so sind wir beide durch dein Leben gegangen, bis zum heutigen Tage. Du als Mensch aus Fleisch und Blut und ich als dein geistiger Begleiter, der dich Schritt für Schritt durch dein bisheriges Leben geführt hat und dies auch noch so lange tun wird, bis du dereinst wieder »gerufen« wirst und in die geistige Welt zurückkehrst. Meine Aufgaben haben gleich nach deiner Zeugung begonnen, und so sind wir beide, sowohl weltlich als auch geistig immer fest miteinander verbunden. Dies bedeutet für dich, alles, was ich dir geben kann, gebe ich dir, alles, was du brauchst zum Leben, bekommst du. Ich bin ein großer Teil deiner inneren Stimme, ich liebe dich unsagbar und ich bin gerne dein Schutzengel, denn du kannst dir ja jetzt ausrechnen, dass du eine sehr, sehr alte Seele bist.

Und so sind wir miteinander verbunden in Liebe, Treue und all dem, was zu dieser Verbundenheit zwischen den Welten gehört. Trotzdem hast du den freien Willen. Du darfst irren, du darfst deine Entscheidungen treffen, du darfst aber auch Fehler machen, denn du bist ein Mensch und Fehler sind wichtig, denn du lernst daraus.

So gehen wir beide also unseren Weg zusammen durch eure Welt, und alles, was du erlebst hast, auch das, mit dem du nicht so zufrieden warst, nun es ist Teil deines Lebensplans, zu dessen Erfüllung ich an deine Seite getreten bin. Aber wir erfüllen auch deine Prüfungen, die du dir für dieses Leben zuvor auf Seelenebene selbst ausgesucht hattest. Und so hat ein jedes Leben, das du bisher verbrachtest, egal ob es tausend, zweitausend oder fünftausend Jahre her ist, seinen Sinn, ganz egal, ob du ein armer Mann warst oder ein reicher, ob du ein Mann warst, der einen Namen hatte, oder ob du der Bauer warst, der Hirte auf dem Feld, was auch immer, nichts geschah umsonst. Ganz egal auch, ob du gut warst oder ungut, denn auch das Ungute hatte seinen Stellenwert, damit die Seele lernt, das Ungute wieder in das Gute zu verwandeln. Somit hast du nun also Seelenreichtum, den du dir in vielen Leben erworben hast. Weltlich ausgedrückt könnte man sagen, es ist das Kapital deiner Seele, denn alles, was du in diesen vielen Inkarnationen gelernt hast, ist in deiner unsterblichen Seele vorhanden, und dies sind deine Gaben, die niemals verloren gehen. Warum? Weil es der Reichtum deiner Seele ist.

Ob du bei den Etruskern lebtest, bei den Ägyptern, ob in Russland oder in Österreich – du kennst übrigens sowohl St. Petersburg als auch Wien sehr gut, aber auch Deutschland ist dir sehr vertraut. Du kennst die Griechen, die Türken, die Araber, die Beduinen, die Juden, ach, ich könnte noch stundenlang weiter und weiter aufzählen. Du hast dich quasi um die ganze Welt immer wieder inkarniert. Europa, Asien, Amerika, Afrika, Australien, wie gesagt, rund um die ganze Welt bist du in deinen Leben gegangen und tief in dir weißt du auch die Antwort, warum dies so war. Und diese Antwort lautet: Diese Seele musste immer wieder leben, in den verschiedensten Berufen und Ländern, um zu lernen, zu lernen und nochmals zu lernen. Denn du wurdest immer wieder auf die Erde geschickt als Impulsgeber, als Lehrer, als Aufzeiger. Ganz egal wie auch immer und in welcher Form. Ob es jetzt die Astrologie war oder andere alte Riten und Kulturen, du kennst sie, egal ob sie indianischen, asiatischen oder gar hawaiianischen Ursprungs sind, auch hier könnte ich wirklich lange, lange Zeit mit meinen Aufzählungen fortfahren, aber ich möchte es nun bei dem bisher Erwähnten bewenden lassen, denn wir müssen ja noch so viele andere Dinge miteinander besprechen.

Du bist also eine alte, alte Seele. Erfüllt und gefüllt mit sehr viel Wissen, hast aber für diese jetzige Inkarnation ein Prüfungsleben angenommen – du wolltest es so! Und so sahst du, als wir gemeinsam – ich war an deiner Seite – in der geistigen Welt in dein kommendes Leben hineinschauten, deine Eltern, deine Verwandten sowie auch deine kommende berufliche und persönliche Entwicklung, ganz egal, was es auch war, alles hast du dir vorher mit mir zusammen anschauen können, wie – und jetzt nehme ich ein weltliches Wort, bitte lach mich nicht aus – in einem Film. So sagt man doch bei euch dazu, stimmt's? Und somit sahst du alles über deine nächste Inkarnation und du fragtest mich: Warum? Ich hab' doch viel mehr Wissen. Warum werde ich in diesem Leben mit meinem Wissen zurückgehalten? Doch dann hast du weiter hineingeschaut auf deinen kommenden Lebensweg und plötzlich fingst du an zu lächeln. Ja, sagtest du, jetzt sehe ich es, erst wenn ich so über die fünfzig bin, geht es richtig los, und trotzdem habe ich zuvor immer schon mein ganzes Leben lang bewusst oder unbewusst Wissen weitergegeben. Ja, sagte ich, du wirst schreiben, du wirst aber auch nicht immer anerkannt sein, und du hast mir damals geantwortet: »Das macht nichts, ich werde so stark sein, dass ich dies alles bewältigen kann.« Und so hast du dann dieses Leben, diese jetzige Inkarnation angenommen und deshalb wunderst du dich nun sicher nicht mehr ganz so sehr darüber, dass nicht alles immer so reibungslos gelaufen ist, wie ihr Menschen dies immer so gerne hättet.

Das wollte ich dir heute sagen. Mein Name – so wie auch du einen Urnamen trägst – ist Zacharias. Ich bin ein sehr starker Engel, und ich bin nur für dich da, denn genau deshalb habe ich meine wissenschaftliche Ebene auf der geistigen Seite des Lebens verlassen: um solange als dein Begleiter und Beschützer mit dir auf der Erde zu sein, bis auch du einst wieder gerufen werden wirst. Zu diesem

Zeitpunkt werde ich dich dann in die geistige Welt zurückbringen und dich dort auch wieder einführen. Anschließend kehre ich auf meine wissenschaftliche Ebene zu meinen anderen Aufgaben zurück. Andere Engel kommen und gehen, helfen dir, wenn es nötig wird, aber ich bin immer an deiner Seite als dein ganz persönlicher Schutzengel.

Ich hätte mich gerne schon früher mit dir in Verbindung gesetzt, aber es ging nicht. Weißt du, nicht jeder Engel kann einfach mit seinem Menschen reden, es muss der richtige Zeitpunkt abgewartet werden, die Erlaubnis aus der geistigen Welt, und vor allem: Es braucht die Reife des Menschen, damit er die Sprache seines Engels auch versteht. Aber nun ist es geschehen. Ich habe gebetet, meine Gebete wurden erhört, du bist hierhergeführt worden und ich darf nun zu dir sprechen und dir raten. So ist unsere Verbindung ...«

Dieses erste Gespräch mit meinem Schutzengel Zacharias fand an einem Februartag des Jahres 2004 in der Nähe von Konstanz am Bodensee statt, nachdem ich – wie bereits eingangs erwähnt – dankenswerterweise Silva Pantini kennenlernen durfte, eine ehemalige Hotelmanagerin, die seit vielen Jahren bereits die große Gabe, mit den Schutzengeln kommunizieren zu können, besitzt. Allerdings war dies beileibe nicht mein erster Kontakt mit einem Engel oder auch einem Geistführer – egal wie man diese geistigen Wesenheiten auch bezeichnen möchte.

So fing alles an

Begonnen hatte alles im Sommer des Jahres 2002. Damals lernte ich in der Schweiz einen Heiler kennen, der – wie mir über Bekannte damals zugetragen wurde – mit Engeln arbeitet. Kurz entschlossen machte ich mit diesem Mann einen Termin aus, und kaum hatte ich das Telefonat mit ihm beendet und den mir von ihm offerierten Termin in meinem Kalender eingetragen, wurde mir schlagartig bewusst, dass ich soeben wohl eines der wichtigsten Dates meines ganzen Lebens vereinbart hatte.

Endlich war es dann so weit, man schrieb den 26. April 2002, und ich machte mich gegen 12.00 Uhr auf den Weg zu einem kleinen Ort in der Schweiz zwischen Bern und Interlaken. Pünktlich um 15.00 Uhr wurde ich von dem Heiler persönlich an der Haustür empfangen und ins Behandlungszimmer geführt, wo er mich dann, nach einem kurzen Smalltalk, zunächst von Kopf bis Fuß mit den Augen »abscannte« und dabei die eine oder andere gesundheitliche Störung in meinem Körper diagnostizierte. Angeblich las er all diese gesundheitlichen Störungen in meiner Aura, also dem feinstofflichen Energiefeld eines Menschen, das seinen weltlichen Körper umschließt beziehungsweise ummantelt.

Mir blieb fast
die Spucke weg

Ich war tief beeindruckt, denn alles, was dieser Mensch mir da so aufzählte, traf tatsächlich exakt auf mich zu. Beispielsweise erwähnte er u. a. auch einen Schmerzherd in Höhe des oberen Beckenbereiches an der unteren Wirbelsäule. Dies, so meinte er, könne durchaus schon die Vorstufe zu einem drohenden Bandscheibenvorfall sein, und er fragte mich auch gleich, was ich mir mit den Jahren denn so alles an Sorgen und Problemen auf meine beiden schmalen Schultern geladen hätte, die ihrerseits nun so heftig auf die Wirbelsäule drückten. Ich erzählte ihm daraufhin in einem etwa 15-minütigen Gespräch aus meinem Leben, von meinen seelischen Problematiken und Belastungen, aber auch von all den weltlichen

23

Schwierigkeiten, mit denen ich mich damals so herumschlug. Sehr schnell merkte ich, dass ich mich anscheinend in die richtigen Hände begeben hatte, denn dieser Mann kannte die Zusammenhänge zwischen seelischen Problemen und körperlichen Schmerzen sehr, sehr gut, was mich natürlich überaus freute, hatte ich doch nun wieder die Hoffnung, endlich einmal wirkliche Hilfe zu erhalten. Wie oft schon war ich wegen meines Rückens und den dort aufgetretenen Schmerzen an der Wirbelsäule bei einem Orthopäden gewesen, um mir am Ende der Untersuchung sagen zu lassen, dass äußerlich nichts, aber auch gar nichts festzustellen sei, meist verbunden mit der etwas mitleidigen Frage, ob ich mir sicher wäre, mir diese Schmerzen vielleicht nicht doch nur einzubilden.

Ich war noch ganz selig ob dieser Erkenntnis, die mich ergriff, als er plötzlich aufstand und mir erklärte: »Wissen Sie, Herr Kummer, ich arbeite hier in meiner Praxis mit einem Helfer aus der geistigen Welt, deshalb möchte ich Sie nun bitten, sich vertrauensvoll und möglichst ohne Angst – es gibt nämlich nicht das Geringste zu befürchten – in die Mitte des Zimmers zu stellen, die Schuhe auszuziehen und die Augen zu schließen. Ich selbst werde Sie nun mit ihm etwa 15 Minuten lang alleine lassen. Bitte lassen Sie während dieser Zeit die Augen völlig geschlossen, denn Gérard« – so hieß sein geistiger Helfer – »wird Sie in dieser Zeit überall dort an und in Ihrem Körper behandeln, wo dies notwendig ist. Deshalb« – so fuhr er fort – »ist es auch sehr, sehr wichtig, dass Sie bereit sind, mit ihm zusammenzuarbeiten. Wenn Sie also beispielsweise spüren, dass er Sie nach vorne oder nach hinten drückt, dann sperren Sie sich bitte nicht und gehen Sie einfach die notwendigen Bewegungsschritte mit. Sollte er Sie nach vorne beugen, Sie in die Knie drücken oder Sie gar auf die Behandlungsliege setzen oder legen, dann lassen Sie dies ganz einfach zu und folgen Sie vertrauensvoll seiner Führung. O. K.?« Noch während ich etwas verwirrt »alles klar« stammelte, war er auch schon auf dem Weg zur Tür und verließ lachend (wahrscheinlich hatte er noch nie einen so selten dämlichen Gesichtsausdruck gesehen wie meinen in genau diesen Sekunden) den Raum.

Nun ging es los

Nun stand ich also da, ziemlich verwirrt, verdattert, perplex und wie bereits erwähnt, auch – auf gut schwäbisch gesagt – saudämlich dreinschauend. Andererseits war ich aber auch gespannt – wie ein »Flitzbogen« – auf das, was nun mit mir passieren würde. Also stellte ich mich, wie »befohlen«, in die Mitte des Zimmers, stellte die Beine Knöchel an Knöchel eng nebeneinander, ließ die Arme Richtung Hosennaht hängen beziehungsweise baumeln und vertraute einfach auf die nun kommenden Ereignisse. Kurz bevor der Heiler nämlich das Zimmer verließ, sagte er noch zu mir: »Ach ja, Sie brauchen übrigens auch keinerlei Angst zu haben. Gérard ist nämlich ein Engel und er wird immer dafür Sorge tragen, dass Sie nirgends dagegenlaufen oder gar über irgendetwas stolpern bzw. fallen werden. Sie sollten sich also ganz vertrauensvoll in seine Hände begeben und sich nicht im Geringsten vor dieser nun auf sie zukommenden Erfahrung fürchten, denn dann kann er am effektivsten an und mit Ihnen arbeiten.«

Nun war ich also mausalleine im Zimmer und es vergingen keine zehn Sekunden, da spürte ich auch schon eine Art Druck im Rücken in Höhe meiner Schulterblätter, und da mein Heiler ja zuvor sagte, ich sollte mich nicht steif machen und dagegen sträuben, gab ich diesem Druck auch sofort nach und machte mit dem linken Fuß einen Schritt nach vorne. Kaum war dies vollzogen, wurde der Druck etwas stärker und ich fing doch tatsächlich an zu laufen, geschoben von einem »Etwas«, das ich nicht genauer definieren konnte. Ich lief aber nicht, weil ich dies wollte, sondern weil eine mir völlig fremdartige Energie mich schob. Und gäbe es eine Steigerungsform von »saudämlich«, so würde ich diesen Ausdruck jetzt wohl wählen müssen, um Ihnen meine damalige Verwirrung auch nur ansatzweise schildern zu können.

Nach etwa acht bis zehn Schritten, die ich, wie gesagt, mit geschlossenen Augen durch ein Zimmer, das ich ebenfalls zum ersten Mal in meinem Leben betreten hatte, gegangen war, hörte die Schubenergie in meinem Rücken dann auch urplötzlich wieder auf. Hoch konzentriert – alle Sinne waren auf das Äußerste angespannt – blieb ich stehen und nahm dabei wahr, dass mich an der linken Hand etwas berührte. Also drehte ich die Hand um und ertastete alsbald das Blatt einer Benjamini-Pflanze, die ich zuvor beim Eintreten in der linken hinteren Ecke des Praxiszimmers gesehen hatte.

Gott sei Dank
wusste ich nun, wo ich war

Nun wusste ich zumindest, wo ich war. Ich stand also genau vor dieser Pflanze. Plötzlich spürte ich etwas, das sich so anfühlte, als würde mich jemand an der Schulter berühren und nach links drehen wollen. Also gab ich auch diesem Druck nach und machte auf diese Weise, ohne dass ich selbst das Geringste dazu tat, eine halbe Drehung nach links. Kaum war diese aber richtig ausgeführt, kam dieser sanfte Druck urplötzlich wieder von vorne und ich kippte nach hinten, kam so ins Rückwärtslaufen und hatte nun wirklich die allergrößte Mühe, mein Versprechen, die Augen nicht zu öffnen, einhalten zu können.

Todesmutig stolperte ich also im Rückwärtslauf, bis ich nach etwa zehn Schritten wieder gestoppt wurde. Urplötzlich kam dann der Druck wieder von oben auf meine Schultern, und ich wollte gerade, entgegen all meiner gut gemeinten Versprechen im Vorfeld, die Augen öffnen, um nachzusehen, wo ich jetzt war, als ich im Absitzen mit meinem Hintern die Behandlungsliege berührte. (Später, als ich die Augen dann wieder geöffnet hatte, sah ich, dass genau diese von Gérard gewählte Wegestrecke die einzig Mögliche war, um mich zur Behandlungsliege zu führen, ohne dass ich dabei über drei Stühle, eine Blumenvase und zwei, drei kleinere Einrichtungsgegenstände gestolpert wäre.) Nun saß ich also etwas »spitz« auf der Kante dieser Liege und Gérard drückte nun – sanft, aber bestimmt – meinen Oberkörper nach hinten, sodass ich quer auf der Behandlungsliege zu liegen kam und meine Beine fast im rechten Winkel zum Oberkörper nach unten baumelten. Je länger ich so in dieser – zugegeben etwas merkwürdigen und auch nicht gerade als besonders bequem zu bezeichnenden – Stellung dalag, desto mehr ließ peu à peu der bis dahin stets latent vorhandene Schmerz in meiner Wirbelsäule nach und ich fühlte mich von Minute zu Minute wohler und wohler, denn meine Wirbelsäule wurde auf diese Weise richtiggehend entlastet. So lag ich dann noch etwa vier, fünf Minuten, ohne dass etwas geschah, ich lag einfach nur da und wartete, wusste allerdings selbst nicht genau worauf.

Endlich wurde ich erlöst

Kurz darauf wurde dann die Zimmertür wieder geöffnet und mein Heiler[1] betrat erneut den Raum. Er fragte mich, wie ich mich fühlen würde, und meinte, ich könne nun auch wieder meine

---

[1] *Da dieser Heiler der Öffentlichkeit gegenüber aus verständlichen Gründen gerne anonym bleiben möchte, bitte ich Sie, liebe Leser:innen, von Anfragen bezüglich seiner Adresse abzusehen, da er mich bat, diese nicht publik zu machen.*

Augen öffnen und aufstehen, die Behandlung sei nämlich schon seit geraumer Zeit beendet. Wir setzten uns beide an einen Tisch und er forderte mich auf, ihm zu erzählen, was Gérard alles mit mir – wie er sich ausdrückte – »angestellt« hätte, worauf ich ihm all das, was ich auch Ihnen, liebe Leser:innen, gerade geschildert habe, erzählte. Im Anschluss daran erzählte er mir dann, dass Gérard ihm einfach eines schönen Tages seine Dienste als »feinstofflicher Helfer« angeboten hätte. Er sagte mir aber auch, dass Engel nicht zaubern könnten, denn jede Krankheit wäre nichts anderes als eine Art Hilferufe der Seele, und deshalb müsste der Mensch zuerst lernen, wie und welche seelischen Defizite, Blockaden, gelebten Muster und nicht aufgearbeiteten seelischen Verletzungen sich mit der Zeit als Krankheit oder besser ausgedrückt als »Botschaft« im Körper bemerkbar machen, denn nichts anderes, so meinte er, sei eine Krankheit in Wirklichkeit.

Erkennen wir Menschen aber unsere seelischen Defizite und lösen sie auf, so verschwindet auch die Krankheit wieder, denn sie hat ihren Zweck dann ja erfüllt. Tun wir dies aber nicht und stopfen uns stattdessen nur voll mit Medikamenten und Pillen aller Art, so verjagen wir zwar meist sehr erfolgreich den jeweiligen »Botschafter« aus einem bestimmten Bereich unseres Körpers, aber wir können dadurch nicht verhindern, dass er in einer anderen Körperregion später wieder auftritt, denn das Problem wurde durch die Medikamente lediglich im Körper lahmgelegt, aber in keinster Weise ursächlich beseitigt.

Das Nichtbeachten dieser vielen Botschaften ist übrigens der Hauptgrund dafür, warum die meisten Menschen mit zunehmendem Alter immer kränker werden. Dies geschieht deshalb, weil viele Ärzte – hauptsächlich Schulmediziner – mittels Pillen, Tropfen, Operationen, u. v. a. lediglich den »körperlichen Spiegel« (Krankheit) der in Wahrheit seelischen Ursachen beseitigen, sich für die eigentliche Wurzel des Übels aber nicht einmal am Rande interessieren.

Je älter ein Mensch also wird, desto größer wird die Anzahl dieser »unbeachteten Botschaften«, die durch immer neue Krankheitsbilder endlich auf sich aufmerksam machen wollen – ja müssen –, um endlich einmal vorgelassen und gehört zu werden. Die Engel, so fuhr er fort, würden uns zwar meist etwas Linderung verschaffen, aber die Krankheit selbst aus den eben genannten Gründen nun mal nicht wegzaubern können. Dies, so meinte er, wäre ja auch gar nicht ihre Aufgabe, ganz im Gegenteil, ihr »Job« sei es vielmehr, die Menschen für genau diese subtilen Zusammenhänge zwischen seelischen Defiziten und körperlichen Krankheiten sensibler und aufgeschlossener zu machen.

Was mich selbst betraf, so war ich natürlich sehr zufrieden, denn zum einen hatte ich es noch nie erlebt, von einem Engel behandelt zu werden, und andererseits war ich seit zwei Jahren im unteren Rückenbereich zum ersten Mal wieder völlig schmerzfrei.

2. *Kapitel*

So ging es weiter

*E*in paar Wochen nach diesen für mich höchst faszinierenden Erlebnissen mit Gérard, diesem geistigen Führer beziehungsweise Engel, spielte mir das Leben eines Tages dann eine kleine Broschüre mit dem Titel »Die Arbeit mit den Engeln« in die Hand und ich las darin zu meinem größten Erstaunen, dass jeder Mensch die Möglichkeit habe, mit seinem Schutzengel in Kontakt zu treten. Kaum hatte ich dies gelesen, ließ mich der Gedanke, einfach einmal selbst auszuprobieren, ob auch ich meinen Engel rufen und mich von ihm ein paar Schritte führen lassen könnte, nicht mehr los.

Es dauerte dann auch nicht mehr lange, bis ich mich traute, mich aus meinem Schreibtischstuhl zu erheben, um genau das auszuprobieren. Also stellte ich mich in die Mitte meines Büros, zog meine Schuhe aus, stellte mich gerade hin, Knöchel an Knöchel, schloss die Augen und sagte laut in den Raum hinein: »Ich bitte jetzt meinen Schutzengel, mich einige Schritte nach vorne zu führen.« Was soll ich Ihnen sagen, es dauerte keine zehn Sekunden und ich spürte schon wieder jenen inzwischen so vertrauten sanften Druck an meinen Schulterblättern, und plötzlich wurde ich, wie damals in der Schweiz, ganz sanft nach vorne geschubst. Staksig, wie Herrmann Monster in seinen besten Tagen, stolperte ich also los, um nach etwa zehn bis 12 Schritten diesen Vorgang dann auch wieder zu beenden – was notwendig war, denn ich habe mir sagen lassen, dass es äußerst ungesund enden kann, durch eine geschlossene Balkontür zu marschieren –, indem ich ebenso laut und vernehmlich, wie ich zuvor um Führung gebeten hatte, nun »Stopp« sagte. Sofort stand ich wieder still, weder Druck von vorne noch von hinten, weder von oben noch von der Seite war zu spüren. Ich stand einfach still und unbeweglich da, wie ein Laternenpfahl im Stadtpark.

Ich begriff plötzlich, dass ich tatsächlich mit meinem Schutzengel in Kontakt treten und mich von ihm bewegen und führen lassen konnte. Diese Erkenntnis war so bewegend für mich, dass sie sofort eine Menge Emotionen in mir auslöste, mir die Tränen durch die geschlossenen Augendeckel drückte und über die Wangen laufen ließ.

Nun ließ ich nicht
mehr locker

Ich war völlig überwältigt ob dieser für mich weiteren höchst epochalen Erkenntnis und brauchte gut zwei bis drei Minuten, um mich wieder einigermaßen zu fassen. Dann probierte ich aus, ob das Ganze auch rückwärts klappen würde, indem ich – wieder laut und vernehmlich – zu meinem Engel sagte: »Bitte stell mich nun wieder genau dahin zurück, wo du mich zuvor abgeholt hast.« Gesagt, getan, ging es auch gleich los. Zuerst spürte ich, wie sich vorn an meiner Brust und an meinen Schultern wieder der bereits schon fast vertraute Druck aufbaute, der mich unaufhaltsam nach hinten kippen und rückwärts laufen ließ. Nun wollte ich es ganz genau wissen und stoppte deshalb nach zwei Schritten abrupt ab, um zu warten, was nun passieren würde. Sofort spürte ich, wie sich erneut dieser Druck aufbaute, aber diesmal versuchte ich, mich einfach dagegen zu wehren und stocksteif stehen zu bleiben, was mir auch gelang. Eine Minute, zwei Minuten, drei Minuten, vier Minuten, fünf Minuten vergingen, ohne dass etwas geschah. Ich stand einfach da, wie bestellt und nicht abgeholt – und wartete. Dann allerdings bat ich nochmals darum, wieder zurückgeführt zu werden. Kaum hatte ich diese Bitte richtig ausgesprochen, schon wurde ich auch wieder gekippt und diesmal – weil ich es nun wieder zuließ – genau dahin zurückgeführt, wo ich vor kurzem gestartet war.

Es ist allein
unser freier Wille

Plötzlich begriff ich: Sobald ich bereit und offen bin, mich von meinem Engel führen zu lassen, ist alles im Fluss; sträube ich mich allerdings dagegen, mache mich steif und werde störrisch, so akzeptiert er dies augenblicklich und hört sofort auf mit seiner Demonstration. Ich fragte mich damals, ob dies im Leben wohl auch so ist, dass wir dann, wenn wir bereit sind, mit dem Leben zu fließen, weiterkommen, weitergeführt werden – aber wenn wir stur und bockig sind, auch ebenso lange auf der Stelle stehen bleiben und dort so lange verharren müssen, bis wir wieder bereit für die nächsten Schritte sind. Und genau in dem Moment, als ich dies dachte, hatte ich auch schon das ganz bestimmte Gefühl, dass genau dem auch so ist.

Von nun an packte mich die schiere Abenteuerlust und ich machte ein Experiment nach dem anderen. Auf diese Art und

Weise durchquerte ich in den Tagen danach meine Wohnung von a nach b und von c nach d, immer geschoben, geschubst, bewegt bzw. geführt von meinem Engel. Mit der Zeit bekam ich dann immer mehr Vertrauen, wurde mutiger, schneller und lockerer, aber auch übermütiger, und so kam es eines Tages, wie es kommen musste. Ich blieb beim Rückwärtslaufen mit der Kniekehle an meinem Couchtisch hängen und fiel etwas unsanft auf die Nase.

Keine
Zirkusvorstellungen, bitte

Ich begriff sofort, dass dies von meinem Engel durchaus gewollt war, der mir dadurch klarmachen wollte: Übertreib bitte nicht und konzentriere dich auf das Wesentliche. Geh weiter und entwickle dich und dein Leben mit diesem Wissen, das ich an dich weitergebe, aber reduziere diese wichtigen Erfahrungen nicht auf diese »Zirkusvorstellungen« in deinem Wohnzimmer.

Kurz darauf machte ich dann eine weitere für mich sehr wichtige neue Erfahrung. Ich war wieder einmal für einige Tage zu meiner damaligen Freundin nach Bischofshofen in Österreich gefahren, und als wir beide uns eines Abends bei einem Glas Prosecco – besser gesagt bei einigen vielen – über Gott und die Welt unterhielten, erzählte ich ihr u. a. auch von meinen Erfahrungen beim Lauf mit den Engeln und versprach ihr, am nächsten Tag – wenn's »Kopferl« dann wieder klar wäre – dies einmal vorzuführen.

Am kommenden Abend dann – wir waren zwischenzeitlich wieder zu Wasser und Tee zurückgekehrt – stellte ich mich also wie versprochen auf und ließ mich von meinem Engel kreuz und quer durch ihre Wohnung führen. Nachdem ich mich wieder gesetzt hatte, erzählte sie mir, dass kaum, dass ich meinen Engel gerufen hätte, meine Aura heller und heller zu leuchten begonnen und sich dabei deutlich vergrößert hätte. Dies, so meinte sie, hätte erst dann wieder aufgehört, als ich mich von meinem Engel verabschiedet und wieder die Augen geöffnet hätte.

Erfahrungen
sind für alle da

Etwa ein halbes Jahr später begann ich damit, diese Erfahrungen auch einmal in meinen 2-Tages-Aktiv-Seminaren zur Auflösung von unterbewussten Ängsten und Blockaden, die ich schon seit über zwölf Jahren in Bad Mergentheim bei Würzburg abhalte, einzubringen. Natürlich war ich zunächst etwas nervös, denn was bei mir klappte, musste ja noch lange nicht bei meinen Seminarteilnehmern klappen. Aber entgegen meinen stillen Befürchtungen funktionierte alles sehr positiv, und die allermeisten der Teilnehmer, die sich freiwillig für diesen Versuch meldeten, marschierten mit ihren jeweiligen Engeln brav los, sobald ich darum bat.

So gingen dann die Monate ins Land bis eben zu jenem eiskalten Februartag im Jahre 2004, an dem ich also zum allerersten Mal den Namen meines Engels erfuhr, mit ihm sprechen und ihm Fragen zu meiner Vergangenheit, meinen früheren Leben, meiner Gegenwart, meiner Zukunft, meiner beruflichen Entwicklung, meiner Gesundheit und vielen, vielen anderen für mich wichtigen Dingen stellen durfte. Sie, liebe Leser:innen, können sich inzwischen wahrscheinlich sehr gut vorstellen, wie schnell eine Stunde vergehen kann, wenn man sich in einem solch höchst ungewöhnlichen Zwiegespräch befindet.

Noch nie war ich so verwirrt
wie an diesem Tag

Nach dem ersten Dialog mit Zacharias, den ich eingangs beschrieben habe, fuhr ich in einem Zustand nach Hause, wie wenn man mir soeben mit einer riesigen Zaunlatte vor den Kopf gehauen hätte. Verzeihen Sie bitte diese etwas burschikose Ausdrucksweise, aber sie kommt tatsächlich der Realität ziemlich nahe. Ich war wirklich völlig neben mir. Peter Horton, der österreichische Sänger und Konzertgitarrist, hatte diesen Zustand in einem seiner Lieder einmal so ausgedrückt: »I am hatsching' beside my shoes.« Hätten Sie mich damals gefragt, was ich in der letzten Stunde alles gehört hätte, so hätte ich Ihnen vielleicht fünf Minuten davon wiedergeben können, so verwirrt hatte mich dieser wohl ungewöhnlichste Dialog meines bisherigen Lebens mit meinem Schutzengel Zacharias. Gott sei Dank ließ ich dieses Gespräch aber auf Band aufzeichnen, sodass ich es mir zu Hause nochmals in aller Ruhe anhören konnte. Dies tat ich dann ganze 30 Tage lang, jeden Tag einmal, und ich kann Ihnen gar nicht sagen, wie viel innere Ruhe, wie viel Vertrauen, Gelassenheit, Hoffnung und Zuversicht in diesen vier Wochen des Anhörens immer wieder über mich kamen und wie stark und intensiv mein persönlicher Kontakt in dieser Zeit zu Zacharias wurde. Er sagte mir nämlich in unserem damaligen Gespräch, dass er schon immer mit mir im Dialog wäre und dass immer der erste Gedanke, der mir in den Kopf komme, von ihm sei. Als ich in der Folge dann damit begann, mich genau darauf zu konzentrieren, stellte ich mehr und mehr fest, dass er tatsächlich ein Teil meiner inneren Stimme war und ich wirklich nur noch lernen musste, auf diesen ersten Gedanken zu hören, anstatt ihn sofort mit meinem Verstand auseinanderzunehmen, zu verwässern und ihn dann in den verschiedenen »Schubladen« meines Verstandes abzulegen.

Aber ich verstand auch einige Zusammenhänge zwischen der materiellen und geistigen Welt noch nicht so ganz, und so kam es, dass ich Mitte März noch einmal die Gelegenheit wahrnahm, einen zweiten Dialog mit meinem Gefährten und Schutzengel zu führen.

Der zweite Dialog
mit Zacharias

Damals dachte ich, dass dies das wohl letzte Gespräch mit ihm sein würde, aber wie so oft: »Es irrt der Mensch, so lang er strebt«, wie Heinz Erhard dies in seiner unnachahmlichen Art einmal ausdrückte.

Während dieses zweiten Gespräches forderte Zacharias mich nämlich auf, möglichst rasch ein Buch über die Arbeit mit den Engeln zu schreiben. »Weißt du«, sagte er, »man muss den Menschen endlich einmal die Augen öffnen und ihnen mit möglichst leichter Feder und mit viel Humor nahebringen, was und wer wir Engel in Wahrheit sind, denn auch wir haben sehr, sehr viel Humor. Allerdings – so fuhr er fort – solltest du es so schreiben, dass die Menschen auch verstehen lernen, wie wichtig, ernsthaft und tiefgreifend unsere Arbeit für euch ist. Nicht dass der Eindruck entsteht, wir seien ›Lachnummern‹. Humor ja, aber auch die sehr, sehr ernsthafte Arbeit an und mit den Menschen, das ist es, was du dabei richtig rüberbringen solltest.«

Interview mit Zacharias

So viel also in aller Kürze dazu, wie es zu diesem Buch kam. Von nun an werde ich – bis auf den einen oder anderen erläuternden Kommentar – nur noch als eine Art Moderator – sozusagen zwischen den Welten – auftreten und Sie mittels eines längeren Interviews, das ich für Sie, liebe Leser:innen, mit Zacharias geführt habe, erfahren lassen, wer, wie und warum die Engel für uns alle da sind und warum sie darauf warten, dass wir Kontakt mit ihnen aufnehmen. Was, warum und wie sie mit uns arbeiten, wer sie sind, wie sie aussehen, wie die Welt, aus der sie kommen, aussieht und vieles, vieles andere Wissenswerte mehr. Kurz, wir beide, Zacharias und ich, wollen versuchen, Ihnen die Welt der Engel so nahe wie möglich zu bringen und so verständlich wie möglich zu erklären, damit auch Sie künftig jene Bibelstelle: »Ich werde einen Engel schicken, der dir vorausgeht. Er soll dich auf deinem Weg beschützen und dich an den Ort bringen, den ich bestimmt habe« (Exodus 23,20) nicht nur besser verstehen können, sondern auch mehr und mehr begreifen lernen, dass auch Ihr Leben etwas ganz, ganz Wunderbares, Lebens- und Schützenswertes ist und dass auch Sie vielleicht – dann, wenn Sie mehr und mehr damit anfangen, spirituell an sich zu arbeiten – eines Tages ebenfalls zu einem solch persönlichen Dialog mit Ihrem Schutzengel geführt werden können. Sie wissen ja: Wer wirklich sucht, der findet auch!

3. Kapitel

Begrüßung

ICH BEGRÜSSE EUCH in großer Liebe und Freude an diesem schönen Tag, und nun lasst uns möglichst gleich an die Arbeit gehen, denn wir müssen auch mit der Kraft von Silva gut umgehen.

Nun hast du dir als erste Frage auf deinem Zettel notiert, ob dies damals bei deinem Heiler in der Schweiz wirklich ein Engel war, der an und mit dir gearbeitet hat oder nicht. (Lachen) Du kannst übrigens den Mund ruhig wieder zumachen, natürlich weiß ich, was auf deinem Zettel steht, schließlich bin ich dein Engel und als dieser bin ich nicht zuletzt, wie du ja bereits weißt, auch ein großer Teil deiner inneren Stimme und deiner Gedanken. Aus diesem Grund habe ich heute bei Silva gleich ein ganz scharfes Tempo angeschlagen, damit du weißt, dass dein Zacharias durchaus darüber Bescheid weiß, was er von dir gefragt werden soll. Nur, unsere Gesetze sind nun einmal so, dass man uns fragen muss, auch wenn dies, wie du eben selbst gesehen hast, auch anders geht, aber da auch ich meine Gesetze genauso ein- halten muss wie du deine, bleibt diese kleine kosmische Über- rumpelung von mir auch eine absolute Ausnahme, ich machte lediglich deshalb von ihr Gebrauch, damit du, aber auch die

Leser:innen, gleich zu Anfang erkennen, wozu wir Engel u. a. alles in der Lage sind. Und das verstehst du doch, oder?

Das verstehe ich absolut, Zacharias …

DU WILLST DOCH nicht, dass ich – wie heißt das doch noch bei euch – das rote Licht …

Du meinst die rote Karte …

JA, GENAU, DAS ist ja interessant – die rote Karte – bekomme. Also das bitte nicht! Das war aber jetzt ein geistiges Späßlein! Denn weißt du, wir Engel haben bei aller Ernsthaftigkeit auch sehr, sehr viel Humor.

Das ist schön zu hören, es freut mich auch sehr, wenn unser gesamter Dialog dadurch etwas lockerer wird, dann tue ich mich natürlich auch etwas leichter dabei.

NUN, ICH WERDE sehen, was ich tun kann, aber nun lass uns am besten gleich in unseren Dialog einsteigen und mit deinen Fragen beginnen.

Gut, dann schieß doch einfach mal los und sage mir, ob die Behandlung, die ich damals bei diesem Heiler in der Schweiz erfuhr, wirklich von einem Engel durchgeführt wurde?

NATÜRLICH, DIES WAR ein geistiger Helfer, ein Engel, du kannst also völlig beruhigt sein, damals ist weder getrickst noch manipuliert worden, alles hat sich so abgespielt, wie dieser Heiler es dir gesagt hat. Du hattest ja auch ein gutes Gefühl dabei, stimmt's?

Ja, das stimmt, das hatte ich in der Tat, mir ging es lediglich nochmals um die Bestätigung, auch und gerade für unsere Leser:innen.

JA, DAS EINZIGE, das falsch war an der ganzen Geschichte – oder sagen wir besser: was nicht ganz richtig war –, ist die Tatsache, dass du gemeint hast, du könntest dies ohne Weiteres – zumindest teilweise – auf deine Seminarteilnehmer übertragen, um sie, nachdem der Versuch des »Engelslaufes« bei dir selbst problemlos funktionierte, mit ihren jeweiligen eigenen Engeln gehen zu lassen. Dass dies dann allerdings nicht ganz so gut – oder sagen wir: nur teilweise – funktionierte, liegt einzig und allein daran, dass die Menschen dazu unbedingt eine Art spiritueller Vorbildung benötigen. Und sie brauchen vor allen Dingen eine tiefe und vertrauensvolle Konzentrationsfähigkeit bei einem solchen Ereignis, erst dann kann ein solcher Engelslauf auch wirklich richtig funktionieren und vonstattengehen.

Ich hatte dir bei unserem letzten Gespräch schon einmal gesagt, du hast es nicht falsch gemacht, aber du könntest das Thema künftig noch etwas besser vorbereiten und vertiefen, sodass der Einzelne spirituell konzentrierter und vertrauensvoller in ein solch tiefes Erlebnis hineingehen und somit besser erspüren kann, dass er wirklich von seinem Schutzengel geführt wird. Weißt du, man muss schon ein wenig vorsichtig agieren, damit die Menschen sich dabei nicht verletzen, denn du hast es ja selbst auch schon erlebt, dass du an deinem kleinen Couchtisch hängen geblieben bist, weil du nicht mehr ganz so konzentriert warst.

Ja, das verstehe ich, aber ich muss andererseits auch sagen, dass die meisten meiner Seminarteilnehmer mit ihren jeweiligen Versuchen recht gute Erfahrungen gemacht haben. Sicherlich, ich habe auch einen großen und schönen Übungsraum in meinem Seminarhotel, vor allen Dingen habe ich aber auch von vornherein immer sehr darauf geachtet, dass keinerlei Hindernisse den Lauf-weg versperrten.

JA, WEIL DU dabei warst, sind sie gelaufen, denn sie hatten sehr großes Vertrauen zu dir, und zusätzlich war da auch noch deine gute Schwingung. Deshalb ist an dem, wie du es gemacht hast, auch, wie gesagt, nichts auszusetzen. Aber eines muss ich dir sagen, deine Teilnehmer waren schon alle in einer äußerst gespannten Vorsichtshaltung, und wenn ein Mensch sich in einer solchen Vorsichtshaltung befindet, dann ist er in der Regel viel zu sehr auf sich selbst bzw. auf seine Ängste konzentriert, eben damit ihm nichts passieren kann, und nicht auf das eigent-liche Ereignis des Engelslaufs. In diesem Fall kann der Versuch dann eben nicht so gut gelingen, wie wenn diese innere Nervosität und Unsicherheit nicht vorhanden ist. Verstehst du?

Ja, jetzt verstehe ich aber auch, dass meine Annahme, jeder könne seinen Engel auch bei sich zu Hause selbst ganz einfach zu sich rufen und mit ihm alleine ganz ohne meine Gegenwart losmarschieren, falsch war, eben weil bei den einzelnen Teilneh-mern noch viel zu viel Angst, Nervosität bzw. zu wenig Vertrauen vorhanden ist.

SO IST ES, aber wenn du wieder einmal einen solchen En-gelslauf in einem deiner Seminare machen möchtest, so schlage ich dir vor, dass wir gemeinsam zuvor eine Art Vorbereitung und Einstimmung für deine Teilnehmer zusammenstellen, damit wir sie – so wie du dir das gerne wünschst – noch etwas besser in das schutzengel-geführte Laufen hineinbringen.

Das wäre natürlich fantastisch!

Was ist ein Engel?

Lass mich gleich zu meiner nächsten Frage kommen: Was genau ist eigentlich ein Engel?

NUN, SOLANGE DIE Welt, das Universum und all die Planeten bestehen, gibt es das, was ihr Engel nennt, denn alles in diesem Universum ist von geistigen Wesenheiten durchsetzt und bewohnt. Alles ist beseelt, nichts und niemand ist ohne Schutz bzw. Aufpasser nur auf sich selbst gestellt. Egal ob es ihr Menschen seid, ob es ein Tier oder eine Pflanze ist, jedes Wesen hat im weitesten Sinne eine Engelsbeseelung. Aber, damit die Menschen, die dies lesen, nicht durcheinanderkommen, lass uns wirklich in der Folge bei dem Wort »Engel« bleiben.

Natürlich, gerne, bleiben wir bei dem Wort »Engel«, aber man könnte doch vielleicht auch Beschützer sagen, oder wäre das falsch?

DU KANNST BESCHÜTZER sagen, du kannst Führer sagen ...

Stop. Den Ausdruck »Führer« möchte ich in diesem Zusammenhang aus rein geschichtlichen Gründen, dazu noch als Deutscher, gerne vermeiden, wenn es dir nichts ausmacht.

(Lachen) NUN, DAS VERSTEHE ich natürlich! Du könntest aber auch sagen: Eine nie endende geistige Hilfe, ohne deren Beistand kein Mensch, aber auch kein noch so kleines Fischlein im Meer bzw. kein noch so zartes Pflänzchen auf der Wiese den Erdenplaneten »betritt« oder jemals »betreten« hat. Trotzdem wäre es mir recht, wenn wir bei dem Wort Engel bleiben könnten.

O. K., verstanden, bleiben wir also dabei. Du sagtest eben »geschützt«. Warum, so werden sich auch die Leser:innen inzwischen vielleicht fragen, können dann Menschen überhaupt verunglücken und an schweren Krankheiten sterben? Warum können Fische und andere Tiere gejagt und getötet, Pflanzen zertrampelt und abgerissen werden? Ich glaube, das solltest du uns allen etwas genauer erklären.

Jedes Individuum im Universum hat seinen festen Lebensplan

NUN, JEDER MENSCH hat seinen ganz persönlichen individuellen Lebensplan, ebenso wie auch jedes Tier und jede Pflanze, der genau eingehalten werden muss. Machen wir dazu am besten ein kleines Beispiel: Nehmen wir an, ein Mensch hat, als er noch bei uns in unserer Welt war, einen bestimmten Lebensplan angenommen und akzeptiert, welcher besagt, dass er beispielsweise am 19.01.2004 die Erde betritt und sie am 27.08.2083 wieder verlässt. Nun ist es die Aufgabe von uns Engeln, von der Zeugung dieses Menschen an bis zu seinem Abruf (Tod) genau darauf zu achten, dass sowohl sein Lebensplan als auch seine diversen Herausforderungen und Prüfungen eingehalten und absolviert werden. Andererseits müssen wir den Menschen aber auch ihren freien Willen lassen. Das heißt, wir müssen sie selbst entscheiden lassen, wie sie mit ihrem Leben, ihrer Gesundheit und ihren Talenten umgehen und auch wie sie denken und fühlen wollen, denn das ist schließlich ihre ganz ureigene Entscheidung. Selbstverständlich versuchen wir immer wieder – natürlich nur soweit es in unserer Macht steht –, konstruktiv auf die Menschen einzuwirken. Aber wie gesagt, es ist ganz allein der freie Wille des Einzelnen, ob er strebsam und erfolgreich oder faul und erfolglos lebt und sich an seinen Lebensplan hält oder nicht.

Nun ist jedes Menschleben aber auch immer mit gewissen Lernschritten und Prüfungen gekoppelt. Das heißt, eine Seele sucht sich die soziale Umgebung, die Familie und auch die Umstände, in die sie als Mensch hineingeboren werden will, aus, um sich gemäß ihrem vorgegebenen Lebensplan entwickeln zu können. Nehmen wir weiter an – um auf den Punkt zu kommen –, die Seele hat sich beispielsweise vorgenommen, mit 40 Jahren die Erfahrung einer schweren, wie auch immer gearteten Krankheit zu machen, so ist es auch unsere Aufgabe, darüber zu wachen, dass diese Erfahrung zu diesem Zeitpunkt dann tatsächlich auch gemacht werden kann. Deshalb führen wir u. a. auch in großer Liebe und Sorgfalt die Hand des Chirurgen bei schweren Operationen und überwachen im Anschluss daran natürlich auch den Heilungsverlauf, damit das Leben für diesen Menschen danach wieder weitergehen kann. Kurz gesagt, wir Engel sind dazu da, euch zu beschützen und darauf zu achten, dass euer Lebensplan erfüllt wird, der, wie gesagt, von vornherein in den entscheidenden Bereichen klar festgelegt ist.

Also, ihr seid immer geschützt, ihr seid immer versorgt, nur all diese Zusammenhänge sind für euren Verstand nun einmal nicht so leicht einzuordnen, nachzuvollziehen und zu verarbeiten. Das ist deshalb so, weil es eurem menschlichen Gehirn nicht möglich ist, in solch riesigen – sagen wir – Logistikdimensionen zu denken. Auch deshalb, um gerade in diese allumfassenden spirituellen Zusammenhänge noch ein wenig mehr Licht zu bringen, habe ich dir ja vorgeschlagen, dieses Buch zu schreiben.

Wir Engel
können die Lebenspläne
jederzeit einsehen

EIN ENGEL WEISS also, was in bestimmten Lebensabschnitten seines Schützlings geschieht, denn er kann den Lebensplan, den die jeweilige Seele zuvor, als sie noch auf unserer Ebene war, angenommen und dem sie auch zugestimmt hat, jederzeit einsehen. Und der jeweilige Schutzengel weiß auch genau, wann und in welchen Lebensabschnitten die verschiedensten Prüfungen auf seinen Schützling zukommen werden. Seine Aufgabe ist es deshalb, u. a. auch dafür Sorge zu tragen, dass der Mensch zur rechten Zeit am rechten Ort ist, ganz egal, ob es sich um die Erfahrung einer Krankheit, eines Unfalles oder um den Zufluss eines – wie heißt das noch mal bei euch, wenn ihr sechs richtige Zahlen auswählt und dadurch einen Haufen Geld gewinnt?

Du meinst einen Lottogewinn?

JA, GENAU, OB es sich also um den Zufluss eines Lottogewinnes handelt. Verstehst du – ihr habt euren Lebensplan gewählt, und wir sorgen dafür, dass er auch genau eingehalten wird.

Wir Engel sind also eure Begleiter im Sinne eures Lebensplanes, aber wir sind keinesfalls dazu da, euch alles in den Schoß zu legen oder euch die jeweiligen Hürden und Hindernisse aus dem Weg zu räumen. Nein, das nicht, das wäre zu leicht, denn dann würden ja keine Prüfungen durchlaufen, bestanden oder auch nicht bestanden werden müssen und somit auch kein Lerneffekt stattfinden.

Um nun aber noch einmal auf das Fischlein im Meer zurückzukommen: Dieses weiß in dem Moment, in dem es inkarniert, tief in seiner Seelenstruktur – denn alle Tiere und Pflanzen sind ebenso beseelt wie auch ihr Menschen –, dass es dann, wenn es von einem größeren Fisch gefressen bzw. von Menschen gefangen oder auch geangelt wird, sehr schnell schon wieder in einem neuen Fischkörper inkarnieren wird. Aus diesem Grund ist das, was diesem kleinen Fisch zustößt, auch gar nicht so schlimm für ihn, es ist eben sein Werdegang als Fisch, um den seine Seele sehr genau weiß.

Ein Indianer
spricht zuvor mit dem Tier,
das er erlegen will

Aber wie verhält es sich dann beispielweise bei einem Tier?

NEHMEN WIR DOCH die Indianer, siehe, ein Indianer setzt sich – bevor er ein Reh oder einen Hirsch erlegt – immer zuerst mit der Seele des Tieres in Verbindung und spricht mit ihr. Er hat also quasi – bleiben wir mal beim Hirsch – zuvor auf Seelenebene um Erlaubnis gefragt, ihn erlegen zu dürfen. Ich meine jetzt natürlich jene Indianer, die um all diese Zusammenhänge wissen, das muss ich in diesem Zusammenhang natürlich ganz besonders erwähnen.

Der Hirsch hat also telepathisch sein Einverständnis gegeben, war wie besprochen zur rechten Zeit am rechten Ort und ließ sich von diesem Indianer erlegen. Der Hirsch wusste also sehr genau, dass er dazu bestimmt war, dem Indianer als Nahrung zu dienen, aber er wusste ebenso genau, dass er – nachdem diese Aufgabe erledigt ist – bald schon wieder als Hirsch in der Tierwelt wiedergeboren wird. Dies ist die ewige Kette oder auch der ewige Kreislauf des Kommens und Gehens, mit dem ganz speziell ihr Menschen in der westlichen Welt euch nach wie vor noch so unendlich schwertut.

Das alles kann ich problemlos nachvollziehen, mein lieber Zacharias, aber meine Frage bezog sich eigentlich mehr auf unsere Hühner, Puter, Schweine, Rinder, Kälber u. v. a., die heutzutage völlig respektlos als »Ware« zusammengepfercht und unter vielfach unwürdigsten Umständen oft Tausende von Kilometern transportiert werden. Teilweise sogar nonstop, ohne Nahrung oder Wasser zu bekommen. Ich denke auch daran, wie diese armen Kreaturen in unseren Schlachthöfen – allein schon dieses Wort lässt mich frieren – teilweise brutal zu den jeweiligen Tötungsmaschinen getrieben werden. Darauf hatte meine Frage eigentlich abgezielt. Hat das vielleicht noch etwas mit Menschlichkeit und Tierliebe zu tun?

NEIN, DAS HAT es gewiss nicht. Da gebe ich dir uneingeschränkt Recht. Es sind die Menschen, die in ihrer Gier Fleisch, Fleisch und nochmals Fleisch produzieren müssen. Diese Gier ist in den letzten 50 - 60 Jahren derart maßlos geworden, dass sie Schritt für Schritt dazu geführt hat, die Kreatur nicht mehr als das zu sehen, was sie ist, sondern wirklich nur noch als reine »Ware«.

Siehe, all diese Tiere sind ebenso beseelte Wesen wie ihr Menschen auch, nur ihr habt sie mit der Zeit, man könnte wirklich sagen, kaltherzig und brutalst zu einer Art Ware degradiert. Eure Hunde andererseits habt ihr im gleichen Maße verhätschelt und überproportional verwöhnt, ja geradezu vermenschlicht. Auf der anderen Seite klagt ihr selbstherrlich andere Kulturen der

Tierquälerei an, bei denen z. B. Hunde seit Jahrtausenden schon zum Speiseplan gehören, seid aber zu allen anderen Tiergattungen, die zu eurer Nahrungskette gehören, tausend Mal schlimmer als die von euch beschuldigten Staaten, die u. a. auch Hunde essen. Und so frage ich mich, woher nehmen die Menschen eigentlich das Recht zu behaupten, dass ausschließlich die ihrige, in diesem Falle, eure westliche Kultur und Lebensphilosophie das Maß aller Dinge ist? Aber wenn ihr schon so selbstherrlich seid, dann dient den anderen doch bitte mit eurer eigenen Verhaltensweise als Vorbild im Positiven und nicht auch noch in dieser eben beschriebenen negativen Art. Dies war jetzt aber keine Bewertung, sondern lediglich ein gut gemeinter kosmischer Ratschlag.

Nun will ich euch aber gerne auch mitteilen, was die tiefere Wahrheit um die Tiere ist, die dazu bereit sind, euch als Nahrung zu dienen. All diese Seelen haben zuvor hier in unserer Welt zugestimmt, euch Menschen einmal als Nahrung dienlich zu sein. Sie wissen also auf Seelenebene im Vorhinein schon genau, dass sie eines Tages von euch verspeist werden, andererseits aber auch, dass sie danach sehr schnell wieder inkarnieren dürfen. Meint ihr nicht, diese Umstände hätten ein wenig mehr Achtung und Respekt verdient? Denkt bitte daran: »Was du nicht willst, das man dir tu, das füge auch keinem anderen zu!« So heißt doch dieser Spruch bei euch, stimmt's?

Ja, stimmt.

Alles fällt auf
uns selbst zurück

NUN ABER LASS uns die Dinge auch noch von einer anderen Seite beleuchten, was vielleicht dazu führt, dass ihr noch ein wenig mehr ins Nachdenken kommt.

Ihr beschwert euch ständig, dass die Welt und die Menschen immer brutaler werden, mit Terrorismus, Überfällen, Morden, Kinderschändungen u. v. a. Seid ihr vielleicht schon einmal auf die Idee gekommen, dass dies alles lediglich eine Art – sagen wir – Pendel ist, das wieder auf euch Menschen zurückschwingt, weil ihr es wart, die es durch die Geldgier der Tierhalter einerseits sowie durch die Gleichgültigkeit und den Egoismus der Verbraucher im Umgang mit der Kreatur Tier andererseits selbst angetippt habt? Es ist aber auch eure Aggressivität, die ihr durch Egoismus und Selbstsucht aufbaut, ja, auch das ist einer der Gründe für diese Art von Brutalität.

Ursache ist immer – wenn auch oft zeitversetzt – gleich Wirkung, und oben ist immer gleich unten, denkt auch darüber bitte einmal sehr intensiv nach.

Du meinst also, die ganze Brutalitätsenergie und Stumpfsinnigkeit, die wir beispielsweise im Umgang mit unseren Schlachttieren erschaffen und aussenden, fällt auf diese Weise wieder auf uns selbst zurück?

NATÜRLICH, FREI NACH dem ewig gültigen Naturgesetz von Ursache und Wirkung! Ja, genau so ist es! Versteht ihr, es ist an euch selbst, Gewalt nicht zu praktizieren, wenn ihr nicht irgendwann selbst Opfer von Gewalt werden wollt. Aber, dies gilt nicht allein für den liebevollen Umgang mit der Kreatur, sondern auch für den der Menschen untereinander, das aber nur am Rande.

Ich glaub', ich habe verstanden: Was ich nicht selbst aussende, kann auch nicht auf mich zurückfallen!

JETZT HAST DU es begriffen!

Aber lass uns trotzdem nochmals zu euren Tieren, die sich euch als Nahrung zur Verfügung stellen, zurückkommen; ich möchte in diesem Zusammenhang gerne noch einen weiteren wichtigen Aspekt beleuchten, beispielsweise den über den übergroßen Verzehr von Fleisch und die gesundheitlichen Gefahren, die für euch Menschen damit verbunden sind ... Nun, eure Industrie, eure Werbung und eure Fastfood-Ketten haben viele von euch – leider auch und gerade eure Kinder – inzwischen voll im Griff, weil sie euch suggerieren und glauben machen, ihr müsstet möglichst viel Fleisch essen. Fleisch sei gesund ...

»Fleisch ist ein Stück Lebenskraft« lautet der Werbeslogan!

NUN, DAS IST ja auch richtig, aber in diesen Mengen, in denen ihr es inzwischen in euch hineinschlingt, stimmt es dann schon nicht mehr so mit der Gesundheit, zu der es angeblich beitragen soll.

Eigenverantwortung
ist sehr wichtig

Aber es bringt Umsatz!

UND GENAU DARUM geht es der Industrie in Wirklichkeit, schau, ich gebe dir ein sehr anschauliches Beispiel in diesem Zusammenhang: In den früheren Königs-, Fürsten- und anderen hochherrschaftlichen Häusern wurde auch über die Maßen Fleisch konsumiert. Die Folge davon war, dass die meisten dieser hohen Herrschaften mit der Zeit Gicht bekamen, weil sie ihrem Körper viel zu viel Harnsäure zuführten. Und Gicht, nun ja, das ist keine Kleinigkeit, denn diese Krankheit ist u. a. auch sehr, sehr schmerzhaft. Die einfachen, armen Menschen dieser damaligen Zeit, die sich selbst kaum Fleisch leisten konnten, außer sie fingen einmal selbst ein Kaninchen oder auch einen Fasan, hatten dagegen mit dieser Krankheit nichts am Hut. Deshalb: Nicht eure Industrie ist es, die die Verantwortung für euren Körper hat, sondern ihr selbst seid es, und aus diesem Grund möchte ich euch raten, macht euch aus reinem Selbstschutz doch einfach einmal ein wenig schlau, wie sehr sich diese sehr schmerzhafte Krankheit »Gicht« in den letzten Jahren wieder ausgebreitet hat. Esst also einfach wieder etwas ausgewogener mit weniger Fleisch, denn damit helft ihr euch nicht nur selbst, sondern ihr dreht damit gleichzeitig auch die Schraube der Gewalt gegen die Tiere und im Umkehrschluss auch die gegen euch selbst wieder in die Gegenrichtung. Etwas zu verändern heißt immer auch, zuerst bei sich selbst zu beginnen.

Dann habe ich also richtig gehandelt, als ich meinen eigenen Fleisch- und Wurstwarenverbrauch vor Jahren schon um etwa 75 % reduziert habe?

52

VOLLKOMMEN RICHTIG, JA, siehst du, du hast dich von übermäßigem Fleischgenuss weitgehend abgewandt, aber nun sei bitte einmal ganz ehrlich, wie lange hat es denn gedauert, bis du diesen Schritt damals wirklich endgültig vollzogen hattest?

Nun, schon eine geraume Zeit, warum?

WEIL ICH MIT dieser Frage gleich noch auf einen anderen sehr wichtigen Punkt kommen möchte. Schau dir einmal an, wie oft du einen Anlauf machtest, weniger Fleisch essen zu wollen und wie oft du wieder einen Rückfall in das alte Essverhalten hattest (lachend).

Stimmt, das dauerte einige Jahre!

Angst vor Veränderungen

SIEHST DU, UND damit sind wir beim Hauptproblem – und das ist die »Gewohnheit«. Ihr Menschen fürchtet nämlich nichts mehr als die Veränderung, weil sie euch zwingt, eure eingefahrenen Gewohnheiten und euren – jetzt fehlt mir das Wort …

Du meinst »Trott«.

GENAU, UM EUREN Trott zu verlassen. Viele Menschen nehmen sich sogar das Leben, nur weil sich vielleicht eine Partnerschaft auflöst oder sie ihren Job verlieren, eben weil sie nicht bereit sind, loszulassen und Veränderungen zuzulassen. Wenn ich so etwas sehe, dann frage ich mich immer wieder, wie dumm können die Menschen eigentlich noch werden.

Ich habe dich damals immer wieder – sagen wir etwas burschikos – energetisch »in den Hintern getreten«, weil ich genau sah, dass du dich auf Zeit gesehen mit dieser vielen Harnsäure, die du in dich hineinstopftest, selber zerstören würdest. Du hast schließlich auf mich gehört, auch wenn es eine Weile gedauert hat, und heute hast du es geschafft, ebenso habe ich dich peu à peu sowohl vom Nikotin als auch vom Alkohol wegführen können. Aber Kompliment, mein Söhnchen, ich habe in dir auch einen Schützling, der an dem, was er sich einmal vorgenommen hat, auch so lange dranbleibt, bis er sein Ziel erreicht hat. Insofern hatte ich es zugegeben etwas leichter als viele meiner anderen »Engelskollegen«. Aber egal wie, die alten Gewohnheiten, die alten Gleise zu verlassen, egal ob es ums Fleischessen oder um andere Dinge geht, das ist in der heutigen Zeit mit das größte Problem der gesamten Menschheit.

Der Engel, die Stimme
unseres Gewissens

Dann ist es also der Engel in unserem Gewissen, der uns immer wieder zu einer gesünderen Lebensweise drängt?

NATÜRLICH, ICH BIN ein fester Bestandteil deiner inneren Stimme. Das habe ich dir doch schon einmal gesagt. Bist du vielleicht ein wenig schwerhörig? (Lachen) Ich bin aber auch Teil deines Gewissens, deines Wollens und Könnens. Das alles bin ich, oder glaubst du, ich passe nur auf, dass du nicht stolperst (kleines kosmisches Späßle)?

Ja, verarsch mich nur weiter! (Lachen)

DAS WAR JETZT aber kein schönes Wort!

Warum, du wolltest dich doch in Schwäbisch etwas weiterbilden, und das war nun mal ein ur-schwäbischer Ausdruck!

(Lachen) GUT, DANN IST es akzeptiert, du wirst zwar manchmal ganz schön frech, aber dein Humor gefällt mir trotzdem, mein Lieber.

Danke, lieber Zacharias!

ALSO, LASS UNS nun wieder ernst werden und nochmals zusammenfassen: Setz dich niemals hin und jammere: »Dies oder das kann ich nicht.« Mit Gott und seinen Engeln ist alles möglich, wie du ja weißt. Auch wenn du dich von Süchten frei machen willst, sind wir da und helfen dir tatkräftig, aber du musst mitmachen und vor allem durchhalten, denn du bist nun mal der Weltliche.

Viele Ernährungswissenschaftler sagen, man solle ruhig eine gewisse Menge an Fleisch essen, weil unser westlicher Körper diese Nährstoffe auch braucht.

JA, EURE KÖRPER hier in der westlichen Hemisphäre dieser Welt sind so ausgerichtet, dass ihr als Daumenwert nehmen könnt: etwa 1/3 fleischliche und etwa 2/3 pflanzliche Kost.

Also ist es auch falsch, ganz und gar vegetarisch zu essen?

NEIN, SIEHE, ES gibt Seelen, die ihren Körper über Jahre und Jahrzehnte vom Fleischessen entwöhnt und ihn beispielsweise auf Sojaprodukte umgestellt haben. Das ist in Ordnung, aber das Fleisch lediglich wegzulassen und dem Körper gar keine Ersatzstoffe zuzuführen, das kann im Endeffekt auch wieder zu den verschiedensten Krankheiten führen, die man sich dann auf diese Weise selbst erschafft.

Zusammenfassend kann man also feststellen: Jedes Lebewesen, und sei es noch so winzig, hat seinen eigenen Engel! Seinen Engel, ohne dessen Gegenwart niemand und nichts, um das noch einmal ganz klar zu betonen, auf dem Planeten Erde existieren kann. Aber nicht nur auf dem Planeten Erde ist dies so, sondern auch auf anderen Planeten, aber dies würde jetzt zu weit führen und sowohl die Leser:innen als auch dich nur durcheinanderbringen und verwirren, aber vielleicht kommen wir darauf ja einmal in einem späteren Buch zurück.

Alles nicht so leicht
zu verstehen

Gott sei Dank, mir reicht das schon, was du uns über unser Leben hier auf der Erde sagst, das allein muss ja alles erst verdaut werden – und das nicht nur von mir, der ich mich immerhin schon seit über 25 Jahren mit dieser Thematik beschäftige, sondern auch von unseren Leser:innen, die diesen Weg vielleicht noch nicht so lange gehen.

ICH WILL EUCH auch bestimmt nicht durcheinanderbringen und überfordern, aber ich verfüge nun einmal über ein sehr, sehr großes Wissenspotenzial, und ich sagte dir bereits, dass ich gebetet habe und die Erlaubnis erhielt, dir und deiner Leserschaft sehr viel sagen zu dürfen. Denn - glaube mir bitte - eure Welt braucht dieses Wissen gerade in der heutigen Zeit dringender denn je!

Was ihr allerdings noch dringender braucht, das sind Liebe und Geduld. Weißt du, das ist auch der Grund, warum ihr oft so ratlos und verwirrt vor den Botschaften steht, die euch heutzutage immer häufiger aus unserer Welt durchgegeben werden. Ihr fürchtet euch auch vor dem Sterben, weil ihr meint, danach in irgendeiner Weise bestraft zu werden. Aber dem ist nicht so, glaube mir. Gott bestraft niemanden. Niemals. Und auch wir Engel tun dies nicht. Gott führt seine Kinder, und das sind wir alle, ihr ebenso wie auch wir, mit unendlicher Liebe, Güte und Geduld. Höchste Priorität hat hierbei die Liebe und der vollkommene Respekt vor dem freien Willen der Seelen. Deshalb dürft ihr auch mit eurem Lebensplan machen, was ihr wollt. Ihr könnt ihn einhalten oder nicht. Keiner wird euch jemals für irgendetwas bestrafen. Nicht umsonst benutzt ihr bei euch in eurer Welt auch den Ausdruck »Engelsgeduld«, der ja impliziert, dass Gottes gesamte Engelsschar die höchstmögliche Ebene der Geduld ist, und dem ist auch so. Seelen wollen sich entwickeln, ob hier oder auch bei euch auf der Erde, und dabei helfen wir euch, voll Liebe und Geduld. Auch Krankheiten, und seien sie noch so schwer, sowie auch Unfälle sind keine Bestrafung. Es sind Erfahrungen, Lernschritte, die zuvor mit eurer Seele abgestimmt und von euch angenommen wurden. Auch der Tod, und darüber werdet ihr im Verlauf dieses Buches noch sehr viel lesen, ist in Wirklichkeit nur ein Wechsel der Ebenen und Welten eines unendlichen Daseins und Lebens, durch dessen Stationen wir Engel euch mit unendlicher Liebe, Treue, Geduld und sanfter Hand führen. Das wollte ich euch noch sagen!

4. Kapitel

Warum haben wir Menschen eigentlich ein so »verklärtes« Engelbild?

*W*äre es eigentlich nicht die Aufgabe der Kirchen über die Jahrhunderte hinweg gewesen, den Menschen ein verständlicheres, klareres und realistischeres Engelsbild nahezubringen, anstatt euch ständig so unglaublich kitschig »beflügelt« darzustellen und zu verklären?

NATÜRLICH, WAS SOLL ich dazu sagen? Wäre eure Kirchenführung aus Menschen zusammengesetzt – egal ob Mann oder Frau, dies ist ja übrigens auch so ein unsägliches Thema –, die zuvor 20 oder vielleicht auch 30 Jahre in der Einsamkeit der Natur gelebt und dabei die Tiere, die Pflanzen und auch den menschlichen Geist studiert hätten, dann würden sie später viel effizienter und für die Menschen verständlicher sowie tief aus ihrer Seele heraus predigen und lehren können. Dies wäre dann ein echtes, ein intuitiv gewachsenes Seelenwissen, das sie weitergeben würden. Es ist immer das Einfache, in dem Gott zu Hause ist und aus dem die größten Wahrheiten hervorgehen, aber die Menschen – und die Kirchen werden ja auch nur von Menschen geführt –

neigen nun einmal zu Pomp und Macht, zu Glamour und eben auch zur Selbstdarstellung. Aber ich möchte jetzt in diese Thematik nicht tiefer eindringen, denn dann würde ich ja anfangen zu bewerten, und das darf ich nicht. Also, was ist deine nächste Frage?

Ich habe vor ein paar Monaten in einem Buch über die jetzige Zeit des Umbruchs und der Veränderung des Planeten Erde gelesen, dass viele alte Seelen seit Jahrzehnten quasi »Schlange« stehen, um in genau dieser Zeit auf der Erde inkarnieren zu können, eben um bei diesen laufenden und noch anstehenden Veränderungen mitwirken zu können. Frage a): Stimmt diese Aussage und b): Was passiert jetzt gerade in dieser Zeit?

VERZEIH, ABER NUN muss ich erst einmal lachen, wenn ich mir so vorstelle, wie diese Schlange von Wesenheiten aussehen könnte. Aber Spaß beiseite, in solchen Umbruchzeiten wie eure Erde sie gerade erlebt, werden natürlich ganz gezielt Seelen, die sehr viel Wissen haben, wiedergeboren. Aber wann, wie und in welchem Land sie inkarnieren dürfen und vor allen Dingen, was ihre Aufgabe im Einzelnen ist, das ist die alleinige Entscheidung des Göttlichen.

O. K. dies zu Frage a), jetzt Frage b) was der Grund ist für den laufenden Umbruch, denn es funktioniert auf dieser Welt ja fast gar nichts mehr so wie früher. Die Mechanismen, mit und nach denen wir früher gelebt und gearbeitet haben, greifen nicht mehr, was immer klarer und offensichtlicher zutage tritt, egal ob im beruflichen, im partnerschaftlichen, im wirtschaftlichen Bereich oder auch in der Politik.

NUN, DAS IST eine ganz normale Entwicklung, die sich alle 30 bis 40.000 Jahre in etwa wiederholt und hat damit zu tun, dass ja auch die Erde einen eigenen Plan, den sogenannten Erdenplan hat, so wie auch ihr euren Lebensplan habt. Und auch in diesem Erdenplan sind Umbrüche und Prüfungen enthalten, die sowohl den Planeten als auch logischerweise die Menschen, die darauf leben, betreffen und beide – sowohl den Planeten als auch euch Menschen – durch Weiterentwicklung weiterbringen. Im Grunde geht es darum, das Negative immer mehr loszulassen und es in das Konstruktive und Positive zu verwandeln.

Inmitten dieses Umbruchs befindet ihr euch gerade jetzt, aber der Teil des Negativen, der im Moment dabei ist, ausgedient zu haben, bäumt sich natürlich nochmals gegen das Positive, das Lichte, das das Negative ablösen wird, mächtig auf, und um diesen Prozess zu einem guten Ende zu bringen, werden u. a. sehr viele wissende Seelen geboren, eben um die Menschheit und den Planeten in diesem Ablösungsprozess zu unterstützen.

Also könnte man sagen: Zuerst kommt das Chaos, und aus diesem Chaos entsteht dann mit der Zeit wieder eine neue Klarheit.

JA, GUT, DAS ist zwar nicht falsch, aber der Ausdruck Chaos ist mir in diesem Zusammenhang etwas zu beängstigend, denn das Negative hat durchaus auch einen konstruktiven Stellenwert. Das Negative ist ja nichts Böses, es gehört nun einmal dazu, ist ein Teil der Polarität, um über die Prüfungsform wieder ins Positive gewandelt werden zu können. Das Negative ist nun einmal notwendig, wenn man so will, als Herausforderung und Prüfungsaufgabe für das Positive.

Kann man heute schon sagen, dass sich das Positive letztendlich durchsetzen wird, weil es dem Erdenplan entspricht? Kannst du uns dazu etwas Verbindliches sagen?

Die Erde wird immer ein
Prüfungsplanet sein

JA, ABER MACHT euch nichts vor, das wird schon noch etwa 25, 30 oder auch 40 Jahre dauern, bis es so weit ist, aber dann - da hast du völlig Recht - wird ein neues, positiveres Denken und auch ein neues, positiveres Handeln die Welt beseelen. Vergiss aber bitte nie, die Erde ist und bleibt zu allen Zeiten ein Prüfungsplanet, und deshalb wird es auch in Zukunft Polarität, also Pro und Kontra geben. Aber sagen wir so: Es ist ein großer Schritt in die richtige Richtung, den ihr alle im Moment macht. Und so viel kann ich dir verraten: Er wird gelingen.

Das beruhigt mich aber sehr, trotzdem habe ich noch eine Frage dazu. Du sagtest soeben 25, 30 oder 40 Jahre. Viele Schriften sprechen immer wieder vom Jahre 2012 als dem eigentlichen Wendepunkt, sprich, bis dorthin wäre dieser Wandel dann abgeschlossen.

NATÜRLICH, DAS IST zwar ein wichtiges Datum, aber solche Prozesse richten sich nicht immer exakt nach eurem Kalender, weil sie teilweise auch eine Eigendynamik entwickeln, die man nicht auf den Tag und auf das Jahr genau vorausberechnen kann. Überleg doch einmal, wenn du selbst schon etwa 1200 Mal als Mensch gelebt hast, was haben dann Jahreszahlen wie 2012 oder vielleicht auch 2032 für eine Bedeutung? Was sind schon 20 Jahre in diesem gesamten Prozess?

Ihr würdet solche Zeiträume nach dem euch eigenen Zeitbegriff vielleicht als Zehntel- oder Hundertstelsekunde bezeichnen.

Nächste Frage, wie wird man eigentlich ein Engel?

EIN ENGEL HAT natürlich auch seine Entwicklungsstufen. Beim letzten Mal habe ich dir schon gesagt, dass auch ein Engel mehrmals in verschiedenen Lebensformen und Lebenskulturen auf der Erde als Mensch gelebt haben muss, um alles Menschliche umfassend kennenzulernen – sowohl das Gute als auch das Ungute –, erst dann darf er darum bitten, ein Engel des Schutzes werden zu dürfen. Meist wird ihm diese Bitte dann auch erfüllt, und er besucht hier in unserer Welt unsere – jetzt nehme ich ein weltliches Wort, lach' mich bitte nicht aus – Akademien oder Universitäten, und dort wird dann – jetzt erschrick nicht – vier- bis fünfhundert Jahre lang Schutzengel studiert. Zwischendurch werden aber auch immer wieder »Lehrgänge« auf der Erde – du würdest »Erdenseminare« dazu sagen – angesetzt, die von unseren Lehrengeln abgehalten werden und in denen wir dann umfassenden Anschauungsunterricht im menschlichen Verhalten vermittelt bekommen, sodass wir für alle Eventualitäten, die in der Arbeit mit euch auf uns zukommen können, gewappnet sind. Du weißt ja, wir müssen auf alles vorbereitet sein, denn wir tragen schließlich auch eine sehr, sehr hohe, ja sogar höchste Verantwortung für euch und für die präzise Einhaltung eures Lebensplanes. Schließlich wollen wir ja am Ende, wenn unser Schützling sein Erdenkleid wieder ablegt und zurück zu uns in unsere Welt kommt, dass auch wir, etwas burschikos gesagt, unseren »Job« gut gemacht haben.

Engel dürfen nicht eingreifen

DAS WAR ABER jetzt auf Schwäbisch gesagt »ein Späßle«, denn als Job kann man unsere Arbeit nun wirklich nicht bezeichnen. Nur eines, und das ist sehr wichtig, wir Engel dürfen niemals direkt in eure Lebensführung eingreifen. Ganz besonders dort nicht, wo sogenannte Prüfungen anstehen und angesetzt sind, ganz egal, ob unser Schützling sich darin gut oder schlecht verhält. Eingreifen dürfen wir in gar keinem Fall. Wir können lediglich dabei zuschauen und dadurch helfen, indem wir versuchen, uns über die innere Stimme unseres Schützlings mit ihm in Verbindung zu setzen und ihm eine Botschaft zu senden. Gerade deshalb ist es auch so unglaublich wichtig, dass das Gros der Menschheit wieder lernt, die innere Stimme (Intuition) zu entdecken und sie zu schulen, damit wir Engel uns in schwierigen Lebenssituationen wieder besser bemerkbar machen können und ihr uns auch besser empfangen und hören könnt.

Wir dürfen also alles, in der Liebe und in der Treue, nur wir müssen immer respektieren, was die unendliche göttliche Energie der jeweiligen Seele für diese Inkarnation mit auf den Weg gegeben hat und wie sie damit umgeht, denn das ist unsere Hauptaufgabe.

Wenn ich das bitte kurz zusammenfassen darf: Ihr seid also im Grunde genommen dafür zuständig, dass der Lebensplan eines Menschen perfekt abläuft und eingehalten wird.

JAWOHL, ABER NOCH mal: ohne einzugreifen. Denn durch diese Prüfungen und Herausforderungen müsst ihr unbedingt durch, weil diese teilweise auch noch mit früheren Leben zu tun haben, wo noch nicht alles bereinigt worden ist. Da sind dann teilweise auch noch Begegnungen mit Menschen aus früheren Inkarnationen zu bearbeiten und aufzulösen. Auch dies beinhalten manche Lebenspläne, und natürlich hat oberste Priorität, dass der Mensch weiterkommt und die Seele sich weiterentwickelt.

Da der Mensch, wie bereits erwähnt, aber auch immer den freien Willen hat, kann er natürlich auch wieder in seiner Entwicklung zurückfallen, und auch das müssen wir Engel dann tolerieren. Vertut ein Mensch beispielsweise sein Leben, d. h. hält er sich partout nicht an seinen Lebensplan, sprich, er will einfach nicht, dann kommen, egal ob in eurer Welt oder hier auf unserer Seite, ebenfalls neue Engelseinsätze auf uns zu. Meist geht es dann darum sicherzustellen, dass der Lebensplan im nächsten Leben richtig gelebt wird, denn oftmals muss die Seele zuvor hier in der geistigen Welt auch ein Versprechen abgeben, dass sie sich bei der nächsten Inkarnation wirklich an den vorgegebenen Lebensplan hält. Bei Seelen, die dieses Versprechen abgegeben haben, geht es dann darum zu prüfen: Wie gehen sie in diesem neuen Leben damit um, inwieweit haben sie begriffen, was sie hier bei uns versprochen haben? Zum Beispiel bei ehemaligen Selbstmördern, die zuvor bei uns das Versprechen abgegeben haben, dass sie im nächsten Leben keinen Selbstmord mehr begehen. Sollten sie dies aber trotzdem wieder tun, so stehen dann, wenn sie wieder in unsere Welt zurückkommen, neue Schulungen für sie an und somit natürlich auch neue Arbeit für uns Engel.

Wann exakt beginnt die Arbeit des Schutzengels?

Du sagst, als Schutzengel übernimmst du den Menschen am Tag seiner Geburt. Frage: Wer passt zuvor in den neun Monaten im Mutterleib auf den heranwachsenden Menschen auf? Der Schutzengel der Mutter?

NEIN, VOM ERSTEN Moment an, in dem du diese Inkarnation betrittst, bin ich in großer Liebe und Treue an deiner Seite. Natürlich ist auch der Schutzengel der Mutter dabei.

Und wann genau ist dieser erste Moment?

BEI DER ZEUGUNG natürlich!

Das bedeutet also: In der Sekunde des Zusammentreffens des männlichen Samens und des weiblichen Eies im Mutterleib beginnt die neue Inkarnation eines Menschen?

JA, GENAU SO ist es.

Weißt du, ich habe deshalb so gezielt nachgefragt, weil in einigen Schriften, die wir hier in dieser Welt haben, zu lesen ist, die Seele würde manchmal bei der Zeugung, aber oft auch erst im Verlauf der kommenden neun Monate in den Fötus »eintreten«.

NEIN, DAS IST falsch, es ist so, du nimmst zuerst hier in unserer Welt Abschied, z. B. von deinen jenseitigen Freunden; danach gehst du dann durch den »großen Kanal des Vergessens«, was bedeutet, dass du keine oder kaum noch Erinnerungen an dein Leben als Seele in unserer Welt hast. Dies geschieht alles parallel zum Zeugungsvorgang der Eltern. Zeitgleich trittst du dann als Seele in das befruchtete Ei deiner Mutter ein. Von diesem Augenblick an bist du wieder ein Mensch, und deshalb ist auch der Engel genau von dieser Sekunde an an deiner Seite.

Jetzt verstehe ich auch, warum jede Seele im Mutterleib bereits alles mitbekommt, was in diesem Körper, diesem Geist, aber auch um die Mutter herum in ihrer Außenwelt so alles vorgeht, jede Gefühlsregung, jeden Ärger, jeden Streit zwischen den Eltern, die positiven Gedanken, die negativen Gedanken, die Ängste, aber auch die zärtlichen und aufbauenden Momente.

Frage: Ist es deshalb so wichtig, dass sich die Mutter in diesen neun Monaten möglichst nicht nur gesund ernähren sollte, sondern dass es auch im Umfeld des Kindes möglichst positiv und konstruktiv zugehen sollte und beide Eltern in dieser Zeit möglichst übermäßigen Stress, Streit und Unruhe vermeiden sollten, um die Seele des Kindes nicht mit Ängsten zu beladen und nicht negativ zu beeinflussen? Ich habe auch gehört, die Eltern sollten schon mit dem Fötus im Mutterleib sprechen und ihm Mut machen, damit sein seelisches und körperliches Wachstum wie auch die spätere Geburt leichter, positiver und komplikationslos vonstattengehen können. Auf diese Weise, so las ich, entscheidet sich bereits auch schon, ob das Kind stark und selbstbewusst oder ängstlich und mit wenig Selbstbewusstsein in dieses Leben startet.

DAS HAST DU sehr gut zusammengefasst, ich muss dich loben, denn genau so verhält es sich.

Aber jetzt sage ich dir noch etwas: Auf diese Weise – nehmen wir an, die Eltern streiten ständig und verhalten sich sehr negativ – können sich auch sehr wohl Fehl- und Totgeburten entwickeln, weil viele Seelen, die sich schon zu diesem Zeitpunkt im Körper der Mutter nicht mehr wohlfühlen, darum bitten, wieder heimgeholt zu werden, was ihnen in der Regel dann auch erlaubt wird, denn die Seele hat, wie gesagt, immer den freien Willen, ja oder nein zu etwas zu sagen. In diesem Fall sucht sie sich dann später eben eine andere Familie aus, in der sie ihren Lebensplan besser leben kann.

Warum gibt es
Fehl- und Totgeburten?

Aha, aber es gibt ja auch Fehlgeburten, Totgeburten, den plötz-
lichen Kindstod im Schlaf u. v. a. Was gibt es dafür für Erklärungen
von eurer Seite, und welche Lernschritte stecken für die betroffenen
Eltern dahinter, womit man sie vielleicht ein wenig trösten könnte?

ES IST SO, ein Kind kann oft nur eine Stunde leben, und
trotzdem hat es je nach Lebensplan seine Aufgabe erfüllt und
kehrt wieder zu uns hierher zurück. Natürlich ist das immer eine
sehr, sehr schwere Prüfung für die betroffenen Eltern, egal ob
ein Kind in den ersten Schwangerschaftsmonaten »abgeht« oder
erst bei oder nach der Geburt. Aber es gehörte auch zum Lebensplan dieser Eltern, diese schwierige Situation zu meistern,
und beide haben auch zuvor hier bei uns diesen Lernschritt mit
ihrem Lebensplan zusammen bewusst angenommen. Sie werden
also nicht bestraft, nein, dieses Ereignis gehört ganz einfach zu
ihrem Leben. Es gibt aber auch Seelen, die im Mutterleib sehr
großes Heimweh bekommen und deshalb um ihre Rückkehr
bitten, auch das gibt es.

Natürlich ist ein jeder Kindstod für die jeweiligen Eltern sehr
schrecklich und auch eine sehr schwere Prüfung, denn sie haben
sich ja auf dieses Kind in der Regel sehr gefreut oder lebten vielleicht sogar schon seit Monaten mit ihm zusammen. Trotzdem,
auch diese Erfahrungen gehören zum Menschsein dazu.

Klar, aber ich glaube, diese Information war jetzt wichtig für
viele betroffene Eltern, um nach der Zeit der Trauer vielleicht besser
damit umgehen zu können und sich nicht noch Jahrzehnte danach
mit Selbstvorwürfen zu quälen.

In diesem Zusammenhang habe ich gleich noch eine Frage. Kinder, die mit Krebs oder Aids geboren werden, haben sich ihre Eltern ja auch ausgesucht. Warum bitten diese Seelen dann, sobald sie dies wissen, nicht darum, wieder heimgeholt zu werden, obwohl sie die Möglichkeit dazu hätten? Hat das damit zu tun, dass die Seele diese Erfahrung ganz bewusst gewählt hat, weil sie diese Erfahrung, nämlich aids- oder krebskrank zu sein, ganz gezielt machen wollte?

NATÜRLICH, MANCHE SEELEN suchen sich solche Leben ganz bewusst aus. Aber bedenke dabei bitte auch immer, die Seele selbst bekommt diese Krankheiten ja nicht, sondern nur der Körper, und deshalb ist es gar nicht verwunderlich, dass sich gewisse Seelen einen solchen Lebensweg für ihre Weiterentwicklung aussuchen, auch wenn der Aufenthalt auf der Erde nicht allzu lange andauern sollte.

Also bewusst gewählt als Erfahrungsschritt, wie ich angenommen hatte?

SEHR GUT, DU kommst mit, bravo.

Wie kommt eine Seele zu einer Inkarnation?

Wie kommt die Seele eigentlich zu einer weiteren Inkarnation? Fragt sie beim Göttlichen an und bittet darum, eine neue Inkarnation antreten zu dürfen, oder wird ihr eine Inkarnation ganz einfach angeboten?

BEIDES, DIE SEELE wird teilweise gefragt, ob sie bereit dazu ist, aber die Seele kann auch darum bitten, wieder einmal inkarnieren zu dürfen. Danach werden dann auch noch andere Seelen gefragt, spätere Eltern (meist sind diese ja schon im Körper), spätere Ehepartner, Kinder, Freunde etc. Es werden sozusagen ganze »Seelenverbände« zusammengeführt, die mit den jeweils angestrebten Entwicklungszielen in diese »Gruppe« hineinpassen. Das ist jetzt natürlich nicht ganz einfach zu erklären, wie eine solche »Himmelslogistik« – finde ich übrigens ein sehr lustiges Wort – mit all den dazugehörigen Details und Planungen funktioniert. Nur so viel kann ich dir verraten: Sie vollzieht sich immer in vollkommener göttlicher Ordnung, davon könnt ihr ruhigen Gewissens ausgehen.

Waren meine Eltern, als ich damals zur Erde zurück wollte, eigentlich schon inkarniert?

JA, DEINE ELTERN schon, aber beispielsweise die große Liebe deines Lebens, die für dich schicksalhafte Frau, der du noch begegnen und mit der du einmal sehr, sehr glücklich werden darfst, diese Frau ist erst ein paar Jahre nach dir in den Körper gegangen.

(Diese Ankündigung machte mich sekundenlang sprachlos, und auch meine Mimik muss nicht gerade besonders intelligent gewesen sein, denn Zacharias meinte etwas schmunzelnd: »Nun guck nicht so, aber ob du es glauben willst oder nicht, du wirst noch sehr gut unter die Haube kommen, freu dich drauf.«)

Da staune ich aber, damit habe ich ehrlich gesagt gar nicht mehr gerechnet, und deshalb war ich zugegeben zunächst etwas geplättet.

DAS DARFST DU auch sein, nur lass es jetzt auch bitte dabei bewenden, denn ich darf dir natürlich nicht sagen, wie sie aussieht und wann ihr euch begegnen werdet, denn dadurch würde ich dich ja beeinflussen. Also lass uns dieses Thema an diesem Punkt bitte beenden. Ich wollte dir mit dieser Ankündigung lediglich eine kleine Freude machen, weil ich ja weiß, dass du so ganz alleine oft nicht so glücklich bist.

O. K., verstanden, nächste Frage: Lass mich bitte nochmals auf die Abstimmung mit meinen Eltern zurückkommen. Wie habe ich mich eigentlich mit ihnen in Verbindung gesetzt, wenn sie doch schon auf der Erde inkarniert waren?

NUN, DU BIST, ähnlich wie wir Engel dies tun, in ihre Seelen »hineingegangen«, hast mit ihnen gesprochen und hast dann zu uns gesagt: Ja, diese Seelen nehme ich als meine Eltern an, an ihrer Seite möchte ich gerne meine anstehenden Lernprozesse und Prüfungen machen. Darüber hinaus hast du dich unter demselben Gesichtspunkt übrigens auch hier bei uns noch mit deinem heutigen Bruder, der ja erst knapp zehn Jahre nach dir zur Erde ging, verständigt sowie mit allen anderen Menschen, die in deinem Leben schon wichtige Rollen spielten oder noch spielen werden.

5. Kapitel

Es gibt Milliarden von Ebenen

Wo lebt ihr Engel eigentlich, wenn ihr nicht gerade bei einem eurer Schützlinge auf der Erde seid?

NUN, WIE SOLL ich dir das erklären, es gibt bei uns die verschiedensten Ebenen, viele, viele Millionen, ja Milliarden dieser Ebenen. Und auf diesen Ebenen leben wir, lernen wir, arbeiten und wirken wir. Es gibt beispielsweise die Ebenen des Menschlichen, des Tierischen, des Pflanzlichen, es gibt die Wissenschaftsebenen, die Gesundheitsebenen, es gibt die Vorbereitungsebenen für den Erdeinsatz mit einem neuen Schützling, es gibt Lernebenen, Ruheebenen, die Ebenen der Schutzengel, die der Ärzte, der Heiler und, und, und. Trotzdem ist alles natürlich eine in sich geschlossene Einheit.

Ich habe jetzt ganz bewusst nur ein paar wenige Ebenen genannt, unter denen ihr euch auch etwas vorstellen könnt, aber es gibt natürlich noch viele, viele andere, die für euch mit eurem menschlichen Verstand leider nicht zu verstehen und einzuordnen sind. Auf all diesen Ebenen leben und lernen wir. Dabei können wir stets wählen, wo und wie lange wir auf welcher Ebene sein und bleiben wollen. Wir werden aber zwischendurch auch immer wieder zur Arbeit auf die Erde gerufen, wenn beispielsweise irgendwo ein Krieg ausbricht. Da sind dann Millionen zusätzlicher Engel im Einsatz, um all den armen und geplagten Menschen, die unter diesen Kriegen zu leiden haben – ganz egal, ob die Zeit ihres Übergangs zu uns bald ansteht oder nicht –, zu helfen.

Was bitte heißt »helfen«, wie darf ich das verstehen? Ich denke, ihr dürft nicht eingreifen?

NUN, TEILWEISE BRINGEN wir die Menschen, die für diese Zeiten nicht ihren Abruf in ihrem Lebensplan stehen haben, auf die vielfältigsten Weisen in Sicherheit. Dort, wo die Uhren während dieser Kriegszeiten aber ablaufen, weil es im Lebensplan so vorgesehen ist, holen wir diese Seelen dann, wenn es so weit ist, auch ab und begleiten sie hinüber in unsere Welt. Wir kümmern uns um die Soldaten, die Kinder, die Verwundeten, die Mütter, die Ausgebombten sowie die Gefallenen und Hinterbliebenen, um nur einige wenige zu nennen, und betreuen sie.

Nochmals, bedenke bitte immer, dass eine jede Seele ihr Karma zu leben hat. Die einen haben diesen Krieg als Möglichkeit gewählt, ihren Körper zu verlassen. Die anderen, um beispielsweise die Erfahrung als Krüppel oder Schwerverletzter, als Mutter, deren Kind verschüttet ist, oder vielleicht als Eltern, deren Sohn erschossen wurde, zu machen.

Darf ich dich bei dieser Gelegenheit an den sehr, sehr weisen Spruch eines Dichters aus vergangenen Zeiten erinnern, der da lautet: »Wenn ein Mensch stirbt, wird er Geist, wenn ein Geist stirbt, wird er Mensch! Wobei ich natürlich anmerken muss, dass der Geist – also die Seele – nie stirbt; trotzdem ist dies eine, wie ich finde, sehr schöne Erklärung.

Es gibt also keinen wirklichen Tod, es gibt immer nur einen Wechsel der Lebensebenen, keine einzige Seele stirbt und fällt in ein dunkles, tiefes, ewiges Loch der Finsternis. Ganz im Gegenteil, sie steigt von Inkarnation zu Inkarnation immer weiter lichtwärts. Ist das nicht eine schöne, hoffnungsvolle Aussicht für euch alle? Es wird langsam Zeit, dass ihr beginnt, euch damit zu eurem eigenen Wohl auseinanderzusetzen und zu beschäftigen denn wenn ihr einmal um all diese Dinge wisst, so gibt es niemanden mehr, der euch noch Angst machen kann.

Das ist richtig, da hast du zweifellos Recht. Nun habe ich aber noch eine Zusatzfrage. Ich habe einmal gehört, dass Menschen, die beispielsweise durch eine Gewehrkugel, eine Bombe oder auch eine Granate von einer Sekunde zur anderen aus dem Leben gerissen werden, auch sehr schnell wieder inkarnieren dürfen, stimmt dies so?

JA, DAS STIMMT, sie kommen in den allermeisten Fällen wieder sehr schnell zurück auf die Erde und oft übrigens auch wieder in die Umgebung, aus der sie zuvor herausgerissen wurden. Oftmals sogar in dieselbe Familie. Und ...

Stopp ... Zacharias, was habe ich bitte nach unserer Zeitrechnung unter »sehr schnell« zu verstehen?

UNTER »SEHR SCHNELL« verstehe ich nach eurer Zeitrechnung etwa fünf oder zehn Jahre.

O. K., sorry, ich hatte dich unterbrochen, aber ich denke, es war wichtig, weil ihr ja doch einen ganz anderen Umgang mit Zeit und Raum habt als wir.

JA, DA HAST du zweifellos Recht und diese Frage war auch zum richtigen Zeitpunkt gestellt. Du kannst übrigens immer Zwischenfragen stellen und mich unterbrechen. Das ist völlig in Ordnung so, dafür brauchst du dich nicht immer wieder zu entschuldigen.

Gefallene Soldaten inkarnieren in der Regel schon bald wieder

ÜBRIGENS KANNST DU auch gerne einmal Nachforschungen anstellen, wenn du dies willst. Dabei wirst du feststellen, dass in den Jahren nach den verschiedenen Kriegen überdurchschnittlich viele Knabengeburten in all den Ländern, die an diesen Kampfhandlungen beteiligt waren, stattgefunden haben. Sicher kannst du dir jetzt auch schon ausrechnen, warum und weshalb dies so war.

Du meinst, das sind die Seelen der gefallenen Soldaten aus dem vergangenen Krieg, die da wieder inkarnieren?

JA, ABER DAS ist ganz normal, denn diese Region der Welt hatte ja inzwischen ein Defizit an männlicher Energie, und das wird auf diese Weise dann wieder ausgeglichen oder auch aufgefüllt, egal wie du dies auch bezeichnen willst.

Das bedeutet aber auch, dass man in der Regel mit dem Geschlecht, mit dem man zuvor gestorben ist, auch im neuen Körper wiedergeboren wird, so nach dem Motto: alte Seele, neuer Körper?

DAS IST RICHTIG, denn weißt du, die Seele wurde ja einst ruckartig aus dem Körper gerissen und deshalb bekommen diese Seelen – aber Achtung, nur wenn sie das wollen und damit einverstanden sind – auch wieder sehr schnell die Gelegenheit, neu inkarnieren zu dürfen. Denke in diesem Zusammenhang bitte wieder an den Hirsch aus dem Beispiel mit dem Indianer. Ich weiß zwar, dass dieser Vergleich jetzt etwas hinkt, weil der Hirsch ja kein Mensch, sondern ein Tier ist. Aber das Prinzip ist dasselbe: Die jeweilige Seele wurde ganz plötzlich aus dem Körper gerissen, und deshalb darf sie auch aus unserer Sicht schnell – nach ca. fünf oder zehn Jahren eurer Zeitrechnung – wieder zurück in einen neuen Körper. Andererseits, um nochmals auf den ersten Teil deiner Frage zurückzukommen, warst du aber in einigen deiner vielen Inkarnationen auch schon eine Frau, also das gibt es zwischendurch auch.

Du sagtest: Oft werden die Seelen in ein und dieselbe Familie hineingeboren. Kann es also sein, dass die Seele eines im Krieg gefallenen Vaters fünf oder zehn Jahre nach ihrem »Tod« als Kind der früheren Ehefrau oder der eigenen Kinder wiedergeboren werden kann?

NATÜRLICH, AUF DIESE Weise kehren viele Seelen wieder in den Schoß ihrer damaligen Familien zurück.

Wow, Wahnsinn, ich bin sprachlos.

ICH HOFFE, DAS legt sich gleich wieder, damit wir weitermachen können (lacht).

Mach dich nur lustig, aber für mich und sicher auch für viele unserer Leser:innen sind das Botschaften, die erst einmal verdaut werden müssen.

DAS VERSTEHE ICH, mein Sohn – trotzdem, können wir fortfahren?

Und das muss ich mir von jemandem sagen lassen, der mich ständig wegen meiner Ungeduld hänselt (lacht).

ACH DU ÄRMSTER (lacht).

Der Lebensplan ist eng mit dem Schicksalsplan des Planeten verbunden

Weiß eine Seele eigentlich zuvor bereits, dass sie einmal das Opfer eines Krieges werden wird, aber auch gleich danach wieder neu inkarnieren darf? Wurde das zuvor im Planungsgespräch vor der Geburt auf eurer Seite mit ihr besprochen?

JA, DIE SEELE weiß, dass sie nicht allzu lange diesen Körper bewohnt, und sie hat das auch bewusst angenommen.

Aha, also das alles ist der jeweiligen Seele von vorneherein bekannt.

JA, SIEHE: WENN du als Mensch auf diese Welt gehst, so trägst du ja nicht nur deinen eigenen Lebensplan mit dir, sondern auch den Schicksalsplan deines Volkes, in das du hineingeboren wirst, ebenso wie auch den Schicksalsplan der ganzen Welt, denn dies alles ist ja untrennbar miteinander verflochten. Wenn du die Inkarnation also angenommen hast, so bist du automatisch auch in diese gesamten Verflechtungen mit eingebunden.

Können Engel eigentlich heilen, ich meine damit die Seele, nicht einen Arm schienen oder beispielsweise eine Sehne zusammenflicken, da alle Krankheiten in Wirklichkeit ja nur seelische Hilferufe sind?

DAS IST RICHTIG, deswegen heilen Engel zunächst auch vorrangig die gequälten Seelen. Dabei können sie auch Engel, die während ihrer Erdenzeit Medikusse (altes Wort für Arzt) waren hinzuziehen und mit ihnen gemeinsam die Hände der behandelnden Ärzte oder Chirurgen führen. Beispielsweise bei schweren Organoperationen oder nach Unfällen. In all den Fällen, in denen die Lebensuhr noch nicht abgelaufen ist, können wir Engel auf die vielfältigsten Weisen sehr, sehr positiv und äußerst effektiv helfen.

Nehmen wir zum Beispiel Silva, sie hatte vor Jahren eine sehr, sehr schwere Operation, bei der die Hände der Chirurgen von einigen Engeln geführt wurden. Sie war zwar aus unserer Sicht nicht in Lebensgefahr, weil wir ja wussten, dass ihre Zeit noch nicht abgelaufen war, aber der Chefchirurg der weltlichen Klinik, in der sie lag, war davon überzeugt, sie würde diese Operation nicht überleben. Nun, mit Hilfe der Engel ist es dann, wie du ja jetzt sehen kannst, anders gekommen.

Die Erdenzeit ist von Anfang an festgelegt

Das heißt, die Lebensspanne eines jeden Menschen steht von vornherein fest, wie du dies schon erwähnt hast, und zwar von der Zeugung bis zum Abruf, aber bei allem, was dazwischen geschieht, wie z. B. schwere Krankheiten oder Operationen, da seid ihr an der Seite der Patienten und sorgt dafür, dass sie wieder gesund werden, sodass der Lebensplan wie vorgesehen weitergelebt werden kann ... Habe ich das richtig verstanden?

JA, ES STEHT alles fest, nur, und jetzt kommt eine kleine Einschränkung, wenn die Seele einmal im Körper inkarniert ist, hat sie, wie bereits des Öfteren schon erwähnt, ja auch den freien Willen und kann wählen, ob sie sich an ihren Lebensplan halten möchte oder ob sie beispielsweise aus dem Leben flüchtet.

Was heißt das, »aus dem Leben flüchtet«?

NUN, WENN EIN Mensch z. B. Raubbau mit seinem Körper betreibt. Angenommen, er trinkt oder raucht exzessiv, ist drogensüchtig oder frisst sich vielleicht auch zu Tode.

Du meinst, wenn er also auf seinen Körper, seine Gesundheit nicht achtet und sie sozusagen mutwillig zerstört, dann hat ein solchermaßen verursachter Tod nichts mehr mit dem im ursprünglichen Lebensplan vorgesehenen Abrufdatum zu tun, sondern ist ein unplanmäßiges »Davonstehlen« aus dem Leben?

GENAU SO IST es, er »stiehlt« – dieser Ausdruck gefällt mir übrigens – sich sozusagen mittels Selbstsabotage aus der Verantwortung, die er durch die Annahme seines Lebensplanes damals hier bei uns übernommen hat.

Und was hat das für ihn für Konsequenzen?

NUN, ER GEHT denselben Weg wie ein Selbstmörder, der ja seinem Leben ein auch gewaltsames Ende setzt.

Und was heißt das?

BITTE EINS NACH dem anderen, lass uns zuerst diese Frage zu Ende bringen. Auf den klassischen Selbstmord komme ich gleich danach zu sprechen. O. K.?

O. K., was passiert also mit einer Seele, die ihren Körper auf die eine oder andere Weise langsam, aber sicher selbst zerstört?

NUN, IN DEM Moment, in dem die Seele den Körper verlässt, egal auf welche Art der langsamen Selbsttötung, und in unsere Welt kommt, sieht sie auf der Stelle, wie in einem Film, ihr ganzes restliches Leben bis zum geplanten Ende und erkennt natürlich sofort, dass es durchaus weitergegangen wäre und dass sehr oft auch unglaublich positive Wendungen zum Besseren gekommen wären, wenn, ja wenn sie nur im Körper geblieben und durch ihre Prüfung hindurchgegangen wäre bzw. ihre Sucht angenommen, bearbeitet und überwunden hätte. Das ist dann natürlich sehr, sehr schlimm für die jeweilige Seele; sie ist maßlos traurig, weint und will möglichst sofort wieder zurück in ihren Körper, aber das geht – aus verständlichen Gründen – natürlich nicht mehr. In der Regel erschrickt diese Seele auch furchtbar, wenn sie aus ihrem Körper herausgetreten ist und nun in vollem Ausmaß erkennt, welch ein Werk der Zerstörung sie hinterlässt. Besonders schlimm ist dies bei jungen Menschen, wenn sie beim Austritt der Seele auf ihren abgelegten Körper herunterblicken und das Werk ihrer Selbstzerstörung nun erst so richtig bewusst wahrnehmen können. Nun, diese Seelen werden dann sehr, sehr liebevoll aufgefangen von den jeweils dafür zuständigen Engeln. Nur das für sie Furchtbare ist eben, dass sie nun wissen, dass sie a) völlig grundlos aus ihrem Körper »abgehauen« sind und b) dadurch noch viele sehr schöne und sehr glückliche Jahre oder Jahrzehnte nicht mehr erleben können.

Aber Achtung: Es gibt kein Fegefeuer, das auf sie wartet, kein Gericht, kein Tribunal, das sie richtet oder verurteilt, und es gibt auch keine Hölle auf unserer Seite, außer jenen Höllenqualen, die sich die Seelen auf Erden oft selbst zufügen.

Du siehst, jeder erschafft sich höchstselbst seinen eigenen Himmel oder auch seine eigene Hölle, solange er im Körper weilt, je nachdem, wie er mit dem Leben umgeht. Bei uns in der geistigen Welt gibt es nur göttliche Liebe und ein nicht enden wollendes Lernen, um sich immer mehr seelischen Reichtum anzueignen. Eine Hölle und einen Teufel gibt es wirklich nur in der Fantasie der Menschen, und dies ist leider, leider fast ausschließlich die Schuld der weltlichen Kirchen. Nochmals, es gibt keinerlei Bestrafung, wie euch dies oft aus machtpolitischen Gründen von euren religiösen Führern eingeredet wird.

Und was geschieht bei einem Selbstmord mit der Seele?

NUN ABER KOMMT ES. Alle Seelen, die sich, egal ob durch Selbstmord (kurzfristig) oder durch Raubbau am eigenen Körper (langfristig), von diesem getrennt haben, können nach ihrem Austritt nicht sofort weitergehen wie andere, die sich an ihren Lebensplan hielten und erst zu der ihnen angemessenen Zeit in die geistige Welt zurückkehrten. Sie, die Selbstmörder, müssen nämlich so lange auf einer ganz speziellen Lernebene verweilen, wie ihr Leben auf der Erde laut angenommenem Lebensplan regulär gedauert hätte.

Während dieser Zeit haben sie dann aber auch dort ihre Missionen und ihre Lernprozesse, indem sie z. B. mit der Zeit dazu eingesetzt werden, Menschen, die noch im Körper sind und ebenfalls mit Selbstmordgedanken spielen, davon abzubringen. Sieh, wenn ein Mensch in tiefster Not ist und aus lauter Verzweiflung darüber nachdenkt, ob er sich nicht das Leben nehmen soll, dann versucht in erster Linie sein persönlicher Schutzengel – und wenn nötig auch andere, die hinzugezogen werden können –, ihn davon zu überzeugen, dass dies der falsche Weg wäre. Es wird dann durch die Engel versucht, über die Seelenebene mit viel, viel Liebe positiv auf den Schützling Einfluss zu nehmen. Ist die Seele aber nicht umzustimmen, weil sie stur ist – auch das gibt es natürlich – oder sich bereits so tief in ihrer selbstgewählten Dunkelheit verstrickt hat, dann bleibt den Engeln allerdings nichts anderes mehr übrig, als die Seele nach der »Tat« aufzunehmen und, sie in die entsprechende Zwischenebene zu geleiten.

Dasselbe gilt übrigens auch für jene Seelen, die ihren Körper durch Alkohol, Drogen oder auch Nikotin vorzeitig »zerstört« haben. Der einzige Unterschied besteht darin, dass auch diese dann auf ihrem – sagen wir etwas flapsig – eigenen »Spezialgebiet« eingesetzt werden. Sie kümmern sich dann also um die weltlichen Trinker, Fixer, Kettenraucher und versuchen, diese mit viel, viel liebevoller Betreuung und Einflussnahme über die Seele zur Umkehr zu bewegen.

O. K., lass mich das nochmals zusammenfassen: Ich sowie jeder andere lebende Mensch kann also mein ganzes Leben lang mit der Hilfe und Unterstützung durch euch Schutzengel rechnen. Das bedeutet, wir alle brauchen vor nichts und vor keiner Situation wirklich Angst zu haben, denn wir werden bei allen Prüfungen von euch geführt und so unterstützt, dass wir sie jederzeit bewältigen können. Treten wir aber durch Selbstmord aus dem Leben, so müssen wir so lange auf einer Art Intensiv-Lern-Ebene verweilen und haben dort auch unsere Einsätze, bis unser regulär im Lebensplan vorgesehener Abruftag gekommen ist. Wir werden während dieser Zeit aber quasi zu einer Art Therapeut für andere selbstmordgefährdete Menschen auf der Erde ausgebildet?

GENAU SO IST es, jetzt hast du es verstanden!

Und wir brauchen nicht einmal Angst vor dem Tod zu haben, weil ihr ja auch in diesem Moment da seid, uns liebevollst abholt und uns beim Übergang tatkräftig helft und zur Seite steht?

RICHTIG!

Wir sterben ja in Wirklichkeit auch gar nicht, sondern wechseln nur – behütet und beschützt von euch – von einer Ebene des Lebens in eine andere, stimmt's?

DU HAST ES doch tatsächlich begriffen – bravissimo.

Danke. Trotzdem bewegt mich in diesem gesamten Zusammenhang noch eine wichtige Frage.

WELCHE?

Wer bestimmt,
wer wann, wo inkarniert?

Lass mich dazu nochmals auf den Punkt kommen, an dem mir seitens des Göttlichen eine neue Inkarnation angeboten wird. Frage: Werden mir in diesem Zusammenhang mehrere, sagen wir, Inkarnationsvarianten angeboten oder immer nur eine einzige?

NUN, DER VORSCHLAG, den wir dir unterbreiten, ist von unserer Seite so exakt auf deinen bisherigen Seelenwerdegang und deinen bereits vorhandenen Seelenreichtum abgestimmt und so ausgeklügelt, dass du ihn in der Regel wirklich gerne annimmst, eben weil er genau auf dich zugeschnitten ist. Du kannst ihn aber auch ablehnen, das ist überhaupt kein Problem, deshalb wird niemand von uns »beleidigt« sein. Aber diese Aussage war jetzt rein rhetorisch, denn man bietet dir immer und genau zum richtigen Zeitpunkt die richtigen und für dich maßgeschneiderten Lebens- bzw. Inkarnationsvorschläge an, mit denen du aus tiefster Seele einverstanden sein kannst, weil sie der nächste und genau richtige Schritt auf dem Weg deiner persönlichen Weiterentwicklung sind.

Ich frage nur, weil ich mir nicht vorstellen kann, dass sich jemand beispielsweise ein Leben als Krüppel oder vielleicht auch als geistig bzw. körperlich Behinderter aussucht.

AUCH WENN DU das jetzt vielleicht nicht glaubst, aber es gibt tatsächlich Seelen, die ganz bewusst ein Leben als Behinderter, egal wie und in welcher Form auch immer, wählen. Welcher Art diese Behinderung dann letztendlich ist, kommt immer darauf an, welche Erfahrungen und welche Lernschritte für die jeweilige Seele damit verbunden und angestrebt werden sollen. Denke dabei bitte auch daran, dass es für den jeweiligen Seelenreichtum oft wichtig sein kann, dass irgendwann auch mal ein Leben als Behinderter eingebunden bzw. gelebt wird.

Dies würde ja bedeuten, dass, wenn jemand behindert zur Welt kommt bzw. mit der Zeit behindert wird, dies ebenfalls schon zuvor entschieden wurde.

JA, NATÜRLICH, DIE Seele weiß ja sehr genau, dass immer jeweils nur der menschliche Körper oder der menschliche Geist behindert sein wird. Sie, die übergeordnete Seele selbst dagegen bleibt völlig intakt und macht auf diese Weise sogar oft ganz, ganz wichtige Erfahrungen und, und dies ist jetzt sehr, sehr wichtig - also mach bitte die Ohren jetzt gut auf -, der Behinderte selbst ist in seiner persönlichen Entwicklung in den allermeisten Fällen viel, viel weiter als die, die um ihn herum stehen und ihn mitleidig anschauen oder auch über ihn spotten. Und, nicht zu vergessen, er selbst sendet sehr, sehr wichtige Impulse aus!

Homosexualität

Nicht dass ich jetzt Behinderungen mit Homosexualität in einen wie auch immer gearteten Zusammenhang bringen möchte, das mit Sicherheit nicht, trotzdem kommt mir jetzt die Frage in den Sinn, wie ihr Engel zur gleichgeschlechtlichen Liebe steht.

ACH WEISST DU, die Liebe zwischen gleichgeschlechtlichen Menschen ist so alt wie die Welt. Das ist also nichts Neues.

Gegen alles, was in der Liebe geschieht, geistig oder auch körperlich, das ist völlig egal, ist überhaupt nichts einzuwenden, solange
es nicht auf eine zerstörerische oder verletzende Art geschieht.

Was meinst du bitte mit der Formulierung »auf eine zerstörerische
oder verletzende Art« genau?

NUN JA, DU hast ja gestern Abend selbst in deinem Fern-
sehgerät den Bericht über die Kinderschändungen in Belgien
gesehen, der dich ganz schön zornig gemacht hat. Um es auf
den Punkt zu bringen: Alles, was in der Liebe geschieht und
niemanden, insbesondere auch keine Kinder verletzt, demütigt,
schändet oder zu Dingen zwingt, die ihm nicht gefallen, was
also die Liebe in welcher Form auch immer erblühen lässt und
nicht durch menschliche Verirrungen missbraucht, gehört nun
einmal zum Menschsein, und das dürft ihr auch alles tun, ganz
egal, ob dies unter Homos, Lesben oder Heterosexuellen geschieht. Ausgenommen – und jetzt wieder Achtung – wenn die
Liebe dazu benutzt wird, Geschäfte zu machen und Menschen
zu versklaven, wie dies heutzutage immer mehr um sich greift.
Können wir das so stehen lassen? Kannst du das so annehmen?

Doch, kann ich, bin ich mit einverstanden! Das heißt aber
gleichzeitig auch, dass die noch immer vorherrschende Haltung
der sogenannten Gesellschaft in unserer Welt gegenüber der
Gleichgeschlechtlichkeit falsch ist. Schließlich kann ein gleichge-
schlechtlich orientierter Mensch sich genauso wenig seinen Ge-
schlechtstrieb mit »Kernseife« abwaschen und sich danach fröhlich
pfeifend unter die Heterosexuellen einreihen, wie das auch umgekehrt nicht geht.

DAS IST RICHTIG, aber der Homosexuelle selbst hat diese Art zu leben als Lebensplan ja schon in dem Wissen angenommen, dass er damit in eurer Welt ein Außenseiter ist und mit seinem »Sosein« in der menschlichen Gesellschaft »anecken« wird. Somit ist das auch ein Prüfungsleben, das er ganz bewusst gewählt hat, ebenso wie auch ein geistig oder körperlich Behinderter, wobei man beides selbstverständlich nicht miteinander vergleichen kann, wie du eingangs ja schon klargestellt hast.

6. Kapitel

Auch wir haben Körper und Landschaften bei uns in unserer Welt

O. K., danke Zacharias, aber lass uns doch nun bitte nochmals auf eure Welt und die verschiedenen Ebenen, die es darin gibt, zurückkommen.

JA, DAS TUE ich sehr gerne. Wie gesagt, es gibt bei uns eine große Fülle und Vielschichtigkeit von Ebenen, aber auch von Landschaften, wie ihr sie aus eurer Welt kennt, allerdings eben anders als bei euch, denn auf unserer Ebene haben sie eine andere Energie. Wir Engel haben übrigens auch einen Körper, aber eben auch einen anderen wie ihr, ebenfalls aus einer anderen Energie. Wir haben auch unsere Ur-Namen, die wir hier in unserer Welt tragen, aber auch ihr alle habt hier in unserer Welt eure Ur-Namen, die ihr dann, wenn ihr wieder einmal eine Erdeninkarnation abgeschlossen habt und hierher in unsere Welt zurückkehrt, wieder annehmt.

Dein Ur-Name hier bei uns beispielsweise lautet Peter-Urbanus. Du hast dir also einen Doppelnamen gewählt und du hast in diesem Leben auch noch das große Glück, dass deine

Eltern dir deinen Urnamen – zumindest einen Teil davon – auch in eurer Welt gegeben haben. Du hast dich hier bei uns manchmal für Peter entschieden, manchmal für Urbanus, aber das kannst du halten, wie du dies möchtest, da hast du absolut die freie Wahl.

Kannst du mir das mit den Landschaften bei euch in der geistigen Welt bitte noch etwas näher erläutern, denn das wird auch viele unserer Leser:innen brennend interessieren. Gibt es also auch bei euch, ebenso wie auch hier bei uns, Berge, Täler, Flüsse, Auen, Seen etc.?

JA, DIE LANDSCHAFTEN hier bei uns sind wie bei euch, auch wir haben alles, was du eben aufgezählt hast. Wir haben auch Vögel, Häuser, Gärten und Blumen in einer solchen Vielfalt und Üppigkeit, wie ihr sie gar nicht kennt. Es gibt aber auch unendliche Blumenwiesen mit wahrhaft unzähligen Tieren und Tierarten, die darauf weiden, kurz eine unendliche Landschaft mit einer ebensolchen Vielfalt, die euer Begriffsvermögen bei weitem übersteigt. Wir haben aber auch – und jetzt fall' nicht gleich um – große Städte, und diese sind beispielsweise wieder unterteilt in Oberstädte und Unterstädte. In den Oberstädten leben die Wesen in der Atmosphäre und in den Unterstädten im Wasser. Da sie nicht, wie ihr, an eine Lunge gebunden sind, können sie wählen, wo es ihnen besser gefällt. Weiterhin gibt es wunderbare, ebenfalls unendliche Meere, die Welt der Tiere, der Elfen, der Zwerge, der Gnomen, der Fantasiewesen, unendliche Seen mit einer Unzahl wunderschöner Seerosen und dann natürlich auch die zahllosen Lern- und Seinsebenen, über die wir ja bereits schon sprachen (siehe Seite 73f.). Allerdings herrscht hier in unserer Welt eine ganz, ganz wundervolle und friedvolle Atmosphäre ...

Also das wirkliche Paradies, wie uns dies schon seit Jahrhunderten durch die Kirchen schmackhaft gemacht wurde.

NUN JA, VORSICHT mit dem Wort Paradies, denn auch bei uns gibt es, wie auch bei euch, die Polarität. Es gibt z. B. die Lernebenen, über die viele Seelen, die bei euch auf der Erde z. B. Verbrechen aller Art begangen haben, sich peu à peu wieder Richtung Licht arbeiten müssen, um das Ungute, das ihre Seele noch beherrscht, mit der Zeit wieder hinter sich zu lassen und immer mehr zum Licht aufzusteigen.

Ah, ich verstehe, auf diesem Wege reinigen sich diese Seelen sozusagen von dem »irdischen Schmutz«, den sie mit herübergebracht haben.

RICHTIG, ES IST hier aber auch immer Licht vorhanden, nicht wie bei euch, wo sich Tag und Nacht alle paar Stunden abwechseln. Wie soll ich euch dieses Licht nur beschreiben, damit ihr euch das auch nur annähernd vorstellen könnt? Sagen wir einmal so: Ein wunderbares warmes, aus vielen Sonnen bestehendes Licht, das alles und jedes durchströmt. Gleichwohl blendet es nicht, im Gegenteil, es ist unsagbar angenehm. Auch Sphärenmusik, die wunderbarsten, zartesten, harmonischsten Klänge sind überall in unserer Welt zu hören. Also, die geistige Welt ist in weiten Teilen ein gewisses Abbild eurer materiellen Welt, nur dass es bei uns hier keine Kriege, keine Kämpfe, kein Konkurrenzdenken, keine Feindschaften, keinen Neid, keine Geldprobleme, keine Arbeitslosigkeit usw. gibt.

Wie seht ihr Engel
eigentlich aus?

Blöde Frage: Können wir uns eure Körper so vorstellen wie unsere, mit einem Rumpf, Beinen, Händen, einem Kopf, einem Gesicht und vielleicht auch Haaren etc., oder wäre das eine falsche Vorstellung?

NEIN, DAS WÄRE wirklich falsch, wir sind Materie, aber Materie aus unserer Welt, und deshalb könnt ihr eure Körper auch nicht mit den unsrigen vergleichen. Wir sind ja auch viel größer als ihr Menschen, also ich würde jetzt beispielsweise - wenn ich mich ganz aufrichten würde - nicht in diesen Raum hier hineinpassen. Auch ihr habt übrigens hier in unserer Welt einen ebenso großen Körper wie wir.

Aha! Also nach unseren Maßstäben so 3 bis 4 Meter?

EHER 4 METER, wenn nicht noch etwas größer.

Mein Freund Zacharias, du verblüffst mich immer wieder aufs Neue!
Gibt es vielleicht eine Art Durchschnittswert, wie lange eine Seele, nachdem sie sich von ihrem Körper gelöst hat, in der geistigen Welt bleibt, bis sie wieder eine Inkaration bekommt?

NUN, TEILWEISE INKARNIEREN die Seelen, wie ich euch bereits in dem Beispiel mit den gefallenen Soldaten sagte, recht schnell wieder; dies gilt übrigens auch oft für Menschen, die sehr schnell gestorben waren und somit auch blitzartig aus dem Körper gerissen wurden. Teilweise bleiben die Seelen aber auch

100, 200 Jahre bei uns. Eine Norm oder, wie du sagtest, Durchschnittswerte gibt es nicht, es gibt nur den göttlichen Plan und der ist sehr, sehr individuell und keinesfalls statisch.

Und schnell heißt: 5 bis 10 Jahre, wie wir ja schon einmal besprochen hatten. Richtig?

OCH, WEISST DU, manchmal inkarniert eine Seele auch innerhalb eines Jahres schon wieder, das kommt ganz darauf an, welche Notwendigkeit vorliegt. Meist sind das junge Seelen, die unbelastet sind und, wie gesagt, plötzlich aus dem Körper gerissen wurden, nehmen wir an, während Kriegshandlungen. Deshalb dürfen sie oft sehr, sehr schnell wieder inkarnieren, um ihre Prüfungen auf der Erde nach und nach bestehen und absolvieren zu können.

Ich habe gehört, dass viele Menschenseelen, die noch eine gewisse Erdgebundenheit haben, bei euch da drüben teilweise oft genauso weiterleben, wie sie es aus unserer Welt gewohnt sind, stimmt das?

DAS IST VÖLLIG richtig. Viele neu angekommene Seelen, die noch etwas erdgebunden sind, erschaffen sich zum Beispiel auch Kleider oder Anzüge, so wie ihr sie tragt, und in diese schlüpfen sie dann auch hinein. Sie erschaffen sich manchmal auch ein Haus um sich herum, in das sie dann einziehen. Diese Häuser sehen auch aus wie die bei euch auf der Erde, und doch sind sie aus keiner festen Materie gemacht. Kannst du das so annehmen, ist das so verständlich für dich?

Ja, ich denke schon. Darf ich trotzdem versuchen, meine Interpretation des eben Gehörten in Worte zu kleiden?

NATÜRLICH, ICH BIN schon sehr darauf gespannt, wie du dir denken kannst.

Also, ich verstehe das einfach so: Ihr erschafft euch auf eurer Seite des Lebens mittels eurer imaginären Vorstellungskraft all das, was ihr wollt – so wie wir Menschen uns ja auch hier mit unserer Vorstellungskraft hohe Ziele setzen und sie verwirklichen – nur dass sich bei euch jeder Gedanke sofort und ohne jegliche Zeitverzögerung materialisiert und ihr augenblicklich in das so Erschaffene quasi »hineinschlüpfen« könnt, was wir nicht – oder wenn, dann nur nachts in unseren Träumen – tun können.

BRAVO, MEIN SOHN, ich bin wirklich stolz auf dich, das war eine angemessene Interpretation.

Danke, Zacharias, Komplimente von dir sind immer etwas ganz Besonderes für mich, wie du dir sicherlich denken kannst. Trotzdem nochmals nachgefragt: Auf diese Weise löst ihr dann sicher auch das, was ihr nicht mehr haben wollt, auf, indem ihr es einfach durch eine neue Vorstellung ersetzt?

GENAU SO ist es.

Sprechen Engel auch miteinander?

Gut, aber wie kommuniziert ihr untereinander?

INDEM WIR TELEPATHISCH Gedanken aussenden und empfangen, d. h. du konzentrierst dich auf eine andere Seele und sendest dann die Gedanken, die du ihr zugedacht hast, an sie und umgekehrt.

O. K., das kann ich so annehmen. Man könnte also sagen, ihr lebt in einer Art Umwelt, wie auch wir hier bei uns, nur viel perfekter, friedlicher, harmonischer und schöner, allerdings besteht sie aus einer nicht zu beschreibenden, anderen, uns unbekannten Energie.

JA, SO KÖNNTE man sagen! Aber wie du schon sagtest, aus einer eben anderen Energie – nur beschreiben kann ich euch diese hiesige Energie beim besten Willen nicht, denn ihr könnt sie mit eurem menschlichen Verstand einfach nicht erfassen, das ist das große Problem dabei.

Gut, lass mich doch einfach noch einmal den Versuch machen, mich ein wenig mehr vorzutasten: Wenn ich im Winter ein Stück Eis aus einem gefrorenen See breche und es erwärme, so wird es zu Wasser. Richtig?

RICHTIG!

O. K., das kann ich alles noch ohne Weiteres nachvollziehen. Zuerst ist die Materie steinhart gefroren und danach weich und flüssig. Wenn ich dieses Wasser aber dann so lange koche, bis es völlig verdampft ist, so ist es nach ein paar Minuten für mich zwar optisch nicht mehr sichtbar, aber trotzdem immer noch in der Atmosphäre gegenwärtig. Das Wasser ist also um mich herum noch komplett vorhanden, für mich aber jetzt in dieser veränderten Form weder sicht- noch greifbar. Trotzdem ist dieses Wasser sozusagen auf einer anderen Frequenz noch vorhanden, und zwar in der gleichen Menge wie zuvor, als ich es aus dem See brach.

JA, SO KÖNNTE man argumentieren. Nun nimm das Ganze noch hoch zehn und du bist etwa zehn von sagen wir tausend Schritten näher dran. (Lachen)

Du lieber Himmel, sorry, ich glaub', ich geb' doch auf.

NEIN, NEIN, NEIN. Du hast es ganz wunderbar erklärt. Lass es mich vielleicht so ausdrücken: Nehmen wir einmal an, du hättest die Gelegenheit, mit einer kleinen Waldameise sprechen zu können, und du würdest ihr – weil sie dich danach fragt – von den Ausmaßen des Universums und eurer Welt erzählen: von bis zu knapp 9000 Meter hohen Bergen, unermesslich großen, weiten und tiefen Ozeanen, aber auch von Sternen und Planeten, die Millionen Lichtjahre entfernt sind. Glaubst du, sie, deren Welt fast ausschließlich ein 30 bis 60 cm hoher Ameisenhaufen und dessen nähere Umgebung ist, würde dir glauben?

Oh Gott, natürlich nicht.

SIEHST DU, DESHALB lass einfach alles so stehen, wie wir es bisher beschrieben haben. Den Rest verstehst du sowieso erst richtig, wenn du wieder in unserer Welt bist. Vorher bekommen wir das aufgrund unserer Frequenz und Weltenteilung, in der wir beide leben, sowieso nicht auf die Reihe.

Aber ich gebe dir jetzt noch einen heißen Tipp – wie man bei euch sagen würde: Amerikanische Filmemacher haben vor ein paar Jahren über das Leben nach dem sogenannten Tod und über die Wirklichkeit hier in unserer Welt einen ganz zauberhaften Film gemacht, der sogar einen sogenannten »Oscar« für die besten visuellen Effekte bekommen hat und der den Titel trägt »Hinter dem Horizont« (Untertitel: »Das Ende ist nur der Anfang«), in dem ein Mann namens Robin Williams die Hauptrolle spielt. Wenn du dir diesen Film anschaust, so wirst du sehr, sehr viel mehr von dem verstehen, was wir gerade besprochen haben, denn dieser Film ist in weiten Teilen sehr authentisch gemacht, und ich verrate dir jetzt noch ein Geheimnis: Der Mensch, der das Drehbuch zu diesem Film geschrieben hat, ist dabei ebenfalls von Engeln beraten worden.

Danke für den Tipp, aber ich glaube, diesen Film habe ich schon einmal gesehen. Beginnt das Ganze nicht damit, dass eine Familie ihre zwei Kinder bei einem Autounfall verliert?

GENAU, DIESEN FILM meine ich. Den solltet ihr euch alle einmal ganz bewusst anschauen.

Super, den besorge ich mir so schnell wie möglich. Danke für den Tipp.

BITTE SEHR, GERN geschehen, aber lass uns bitte noch etwas bei diesem Thema bleiben. Ich möchte dir nämlich noch Folgendes sagen: Es ist eine ganz, ganz wunderbare Welt hier bei uns, in der eine jede Seele, die zu uns zurückkehrt, sich – wie heißt das bei euch noch mal – »pudelwohl« fühlen kann. Nicht eure Welt, in der ihr heute lebt, ist nämlich eure wahre Heimat, sondern unsere Welt hier. Hier haltet ihr euch alle nämlich wesentlich länger auf als auf eurer Erde und den anderen Planeten eures Universums. Vielleicht könnte man es ja wie folgt vergleichen: Ihr lebt ja auch etwa 10 1/2 Monate im Jahr zu Hause in eurem Heim und seid nur ein oder 1 1/2 Monate im, wie ihr es nennt, Urlaub in einer anderen Umgebung, in der ihr ebenfalls lebt, schlaft und wohnt.

Du meinst, das steht in etwa im gleichen Verhältnis?

IN ETWA JA, zumindest kann ich es euch so einigermaßen verständlich erklären.

O. K., ich glaube, das lassen wir jetzt einfach einmal so stehen, denn ich denke, für die Leser:innen, die bis hierher am Ball geblieben sind, ist das alles einigermaßen verständlich geworden und die anderen haben mir eh' schon längst den Vogel gezeigt und das Buch in den Müll geworfen!

DA KÖNNTEST DU richtig liegen mit deiner Einschätzung (lacht). Trotzdem, Erstere werden Gott sei Dank immer mehr, und für die lohnt es sich, mit unserem Buch weiterzumachen. Also Urbanus, wie lautet deine nächste Frage?

Ich möchte wirklich nicht unhöflich sein, Zacharias, aber mir wäre es recht, wenn wir während meiner jetzigen Inkarnation bei Peter bleiben können. Urbanus kannst du mich dann gerne wieder nennen, wenn ich wieder zurück bin, allerdings wird das ja noch nicht so schnell der Fall sein, stimmt's?

(Lachen) JA, DAS IST wirklich so. So schnell werde ich dich hier auf unserer Seite noch nicht wiedersehen, und ich verspreche dir auch, mich künftig daran zu halten und dich nur noch Peter zu nennen.

Danke!

BITTE! Verstehst du vielleicht nun ein wenig mehr, wie schwierig es in so vielen Bereichen für uns ist, euch etwas über unser Leben, unsere Arbeit und unsere Welt zu vermitteln?

Ja, denn ich habe gerade bei diesem Dialog erst richtig kapiert, dass wir so vieles, was die andere Seite des »Schleiers« anbetrifft, mit unserem menschlichen Verstand überhaupt nicht erfassen können, selbst wenn wir dies noch so sehr wollen. Vor allen Dingen wird mir aber auch immer klarer, wie grenzenlos dumm und arrogant die Menschheit ist, wenn sie glaubt, sie wisse einfach alles und könne auf Gott nicht nur verzichten, sondern ihn darüber hinaus auch noch verspotten.

JA, LEIDER IST das so, trotzdem machen wir natürlich weiter mit unserem Dialog, denn es gibt eben auch sehr vieles, was gerade in dieser Zeit wichtig ist für euch zu verstehen, und deshalb wollen wir uns künftig auch genau darauf konzentrieren und die weniger verständlichen Dinge ein wenig ausklammern. Bist du damit einverstanden?

O. K., natürlich bin ich damit einverstanden, machen wir also gleich weiter mit der nächsten Frage, wenn es dir recht ist.

Kann man euch Engel eigentlich auch sehen?

Ich habe inzwischen Berührungskontakte mit Engeln gehabt und nun habe ich sogar Sprechkontakt mit einem Engel. Gibt es eigentlich die Möglichkeit, dass wir Menschen euch Engel auch sehen können? Ein Bekannter von mir hat zumindest einmal behauptet, dass er seinen Engel schon einmal gesehen hat, ist so etwas überhaupt möglich?

JA UND NEIN, weißt du, du musst etwas aufpassen, denn es gibt Leute, die steigern sich so sehr in unterbewusste Fantasien hinein, dass sie dann oft etwas sehen, was ihnen lediglich von ihrem Unterbewusstsein als reales Bild vorgegaukelt wird. Da musst du, wie gesagt, sehr aufpassen. Auch diverse Erzählungen anderer Menschen sind meist sehr mit Vorsicht zu genießen. Allerdings gibt es auch Schützlinge, die ihren Engel außer bei der Geburt, wenn er den Erdensegen gibt, bzw. bei der Abholung auch einmal im Verlauf ihres Erdenlebens sehen dürfen. Dies geschieht dann aber in den allermeisten Fällen nachts im Schlaf. Weißt du, bei diesem Thema ist sehr viel gesunde Skepsis angebracht, denn meist haben die Berichte darüber sehr viel mit Einbildung, unterbewussten Wunschvorstellungen sowie einem meist sehr großen Geltungsbedürfnis, Ego und viel Wichtigtuerei zu tun. Aber während Sterbeprozessen kann es durchaus geschehen, dass manche Menschen, noch während sie in ihrem Körper sind, ihren Schutzengel sehen und wahrnehmen können, oft sogar schon, bevor das Herz aufgehört hat zu schlagen. Das ja, aber nicht im Alltag zwischen zwei Mahlzeiten beispielsweise, das kommt praktisch nie vor, und ich denke, das meintest du doch mit deiner Frage, stimmt's?

Ja, genau das meinte ich. Trotzdem möchte ich gerne nochmals nachhaken, denn ich habe vor einigen Tagen gelesen, dass beispielsweise Abraham von einem Engel, der ihm erschienen war, die Anweisung erhielt, seinen Sohn Isaak zu opfern. Sind all diese Geschichten aus der Bibel also dreiste Falschmeldungen?

NEIN, NEIN, DAS war wirklich so, wie es geschrieben steht. Nur für wen, glaubst du, schreibst du dieses Buch? Für die Abrahams, Isaaks und Melchizedeks dieser Welt oder für die Menschen eurer heutigen Zeit, denen du die Welt der Schutzengel gern etwas näherbringen möchtest?

Natürlich für Letztere. Warum, was hat das damit zu tun?

SCHAU, NATÜRLICH GAB und gibt es in ganz seltenen Ausnahmefällen auch Menschen, denen ein Engel erschienen ist. Dies passiert aber wirklich nur Personen mit ganz besonders ausgeprägten spirituellen Anlagen. In eurer Welt ist es aber heute leider so, dass jeder Dritte bereits felsenfest davon überzeugt ist, selbst hochspirituell zu sein, nur weil er vielleicht seit einigen Monaten regelmäßig meditiert (lacht). Hätte ich also diese äußerst seltenen Engelserscheinungen erwähnt, so wäre bei vielen deiner Leser:innen womöglich eine ganz unrealistische Erwartungshaltung geweckt worden.

Sagen wir doch so: Ja, es gibt solche Engelerscheinungen, aber nur in äußerst, äußerst seltenen Fällen, und die Chance, dass eine oder einer von euch jemals eine solche Erscheinung erleben wird, ist so gut wie ausgeschlossen.

Alles klar, Zacharias, verstanden. Nächste Frage: Wer oder was teilt die Engel eigentlich ihren jeweiligen Schützlingen zu, wer macht sozusagen die »Dienst- und Einsatzpläne«?

(Lachen) NUN, DAS SIND wirklich zwei lustige Ausdrücke, die du da benutzt, »Dienst- und Einsatzpläne«, die muss ich mir wirklich merken. Aber Spaß beiseite ... nun, das ist die unendliche göttliche Energie. Oder anders ausgedrückt: der ewige Energiefluss des Kommens und Gehens. Wir könnten natürlich auch sagen, es werden gezielte Aufträge an die Engel verteilt, nur das wäre falsch, besser ist, du schreibst: Es ist die jeweils göttliche Zuteilung.

Reinkarnation ist Realität

Wir sprechen des Öfteren davon, dass die Reinkarnation, also die x-fache Wiedergeburt einer Seele in immer neuen Körpern, der Grundpfeiler des wahren menschlichen Lebens ist. Nun, dass unsere Seele nach dem Tod weiterlebt, das kann jeder in der Bibel nachlesen und das predigt uns ja auch die Kirche seit Jahrtausenden schon. Dies scheint also völlig unbestritten zu sein. Warum aber hat die Kirche die Lehre von der Wiedergeburt, der sogenannten Reinkarnation aber nachweislich bereits im Jahr 325 n. Chr. beim Konzil von Nicäa (auf dem heutigen Gebiet der Türkei liegend) nicht nur ersatz- und grundlos aus der Bibel gestrichen, sondern sie gar 210 Jahre danach im Jahre 535 n. Chr. beim Konzil von Konstantinopel (heute Istanbul/Türkei) zur Irrlehre erklärt? Von da an wurden nach meinen Informationen nämlich alle Geistlichen, die weiter die Lehre von der Reinkarnation verbreiteten, sogar mit dem Tode bestraft, oder bin ich da fehlinformiert?

DA BIST DU durchaus nicht fehlinformiert, denn exakt so ist es gewesen ...

Sorry, wenn ich dich nochmals unterbreche, Zacharias...

BITTE, TUE ES ruhig ...

... danke, aber wenn dem so ist, so müssten doch diese Fakten nur einmal seitens der Wissenschaft richtig recherchiert werden, damit selbst der Dümmste begreift, dass alles, was in unserem Buch nachzulesen ist, die reine Wahrheit ist. Denn 1.) Engel gibt es, das wird von der Kirche auch nicht bestritten, sondern sogar als Eckpfeiler des Christentums nach wie vor gelehrt. 2.) Mit dem Weiterleben der Seele nach dem Tod im sogenannten »Paradies« verhält es sich ebenso. 3.) Die Reinkarnation, die ja eine der wichtigsten Säulen vieler Weltreligionen ist, war schon zu Christi Lebzeiten ein ebensolcher Eckpfeiler der christlichen Lehre, wurde aber ohne erkennbaren Grund von einigen Kirchenfürsten, denen diese Lehre ganz einfach nicht in den Kram passte, im Jahre 325 n. Chr. willkürlich aus der Bibel herausgestrichen. Diese gestrichenen Textpassagen lagern nach allem, was man bisher herausfand, übrigens im Vatikan in Rom – mit dem Wissen der Kirche.

Das Schlimmste dabei ist, dass dies alles niemals und von niemandem jemals öffentlich diskutiert wurde und bis zum heutigen Tage auch nicht wird. Es wird schlicht und einfach totgeschwiegen, obwohl alle Fakten eine eindeutige Sprache sprechen. Aber wir sind ja im Moment auch mit Big Brother, dem Wählen von Superstars, Kopftuchstreits sowie der flächendeckenden Kollektivumsetzung von Parolen wie z. B. »Geiz ist geil« vollauf ausgelastet. Frei nach dem Motto, recht geschieht es meinen Eltern, wenn es mich an den Fingern friert, hätten sie mir halt rechtzeitig Handschuhe gekauft.

VIELLEICHT HILFT DIESES Buch ja dabei, etwas zu bewirken, deshalb reg dich jetzt bitte wieder ab und lass mich vielleicht auch etwas dazu sagen.

Alles klar, bitte ...

Die Bibel wurde immer
schon verfälscht

RELIGIONEN SIND SCHON immer von Menschen gemacht und auch von Menschen manipuliert worden, je nach

Machtfülle und Machtinteressen. Schau, eure heutige Bibel hat mit den ursprünglich zugrunde liegenden Texten sowieso nur noch sehr, sehr wenig zu tun. Jede Religion und alle damit zusammenhängenden Schriften sind schon immer manipuliert worden, aber nun denke auch bitte einmal darüber nach, ob das so wichtig ist, wichtig ist doch nur, dass die Dinge so sind, wie sie sind. Die Bibel kann man verfälschen, aber Gott nicht, und deshalb wird die Essenz der Wahrheit sich nie verändern, egal ob die Menschen daran glauben oder nicht.

Das ist richtig, Zacharias, aber wenn der Wahrheit der Reinkarnationslehre wieder die Ehre gegeben würde, so würde vieles klarer und verständlicher werden für so viele Menschen auf dieser Welt.

DA GEBE ICH dir Recht, aber denke in diesem Zusammenhang doch einfach an eines deiner Lieblingszitate, die du bei deinen Seminaren so oft zitierst.

Welches meinst du, ich habe viele in petto?

DENK NACH.

Du meinst: Die Wahrheit siegt nie, aber ihre Gegner sterben langsam aus.

GENAU DAS meine ich.

Darf ich mit der folgenden Frage trotzdem noch ein wenig beim Thema Reinkarnation bleiben?

NATÜRLICH DARFST DU das, schieß los.

Du sagtest vor kurzem zu mir, ich oder – besser gesagt – meine Seele hätte schon etwa 1200 Mal gelebt.

STIMMT.

Kannst du mir beispielsweise sagen, wann und wo konkret mein letztes Leben war und in welchem Jahr ich »gestorben« bin?

NUN, DAS WAR in Südfrankreich. Du bist damals aber nicht sehr alt geworden, sondern wurdest 1825 infolge von Kriegsverletzungen gerufen.

Und von da an war ich dann bis zu meinem jetzigen Leben, meiner jetzigen Geburt im Jahr 1950 bei euch in der geistigen Welt gewesen?

Deine letzte Inkarnation
war in Rom

NEIN, DU HATTEST zwischendurch einmal ein kurzes Leben in Rom und hast deiner damaligen Mutter, die dich, ohne Vater und von ihrer Familie verstoßen, zur Welt gebracht hat, für kurze Zeit sehr viel Licht und Wärme gegeben, bist aber nach ein paar Jahren wieder gerufen worden.

Bevor du aber noch weitere Fragen dazu stellst, meine ich, das sollte für den Augenblick genügen, ansonsten würden wir den Rahmen dieses Buches sprengen. Ich mache dir aber gerne den Vorschlag, in einem späteren Buch verschiedene deiner Leben samt Berufen, Aufgaben, Leistungen, Geburts- und Abrufdaten offenzulegen und ausführlich zu beschreiben. Aber dazu müsste auch ich mich zuvor noch mit der Akasha-Chronik beschäftigen.

Allerdings könnte das dann aber auch ein sehr interessantes Buch werden, denn ich habe dir ja eingangs schon gesagt, dass du eine sehr, sehr alte Seele bist und schon rund um den Erdball inkarniert warst ...

Einverstanden, da freue ich mich jetzt schon darauf.

... UND DU HAST auf deinem Zettel ja auch noch die Frage notiert, ob ich dir ein Gespräch mit deinen 1982 und 1984 gerufenen Großeltern sowie zwei, drei anderen Seelen, mit denen du zu tun hattest und die zwischenzeitlich wieder hier in unserer Welt sind, vermitteln könnte.

Wow, du meinst, ich könnte wirklich mit diesen Seelen sprechen und ihnen Fragen zu ihrem früheren Leben hier bei uns und ihrem heutigen Leben drüben bei euch stellen und direkte Antworten bekommen, so wie jetzt von dir?

JA, ICH HABE dir schon einmal gesagt: Ich habe darum gebetet, dir außergewöhnlich viel sagen zu dürfen, und es ist mir erlaubt worden. Also solltest du diese Chance auch nutzen.

Was er uns nicht sagen darf

Gibt es auch Dinge, die du uns nicht sagen darfst?

NUN, ICH WERDE dir mit Sicherheit nichts über dein genaues Abrufdatum sagen. Auch nicht zu aktuellen politischen

Manipulationen, Terroranschlägen, Kriegen, Morden, Entführungen und den daran Beteiligten etc. Wir in der geistigen Welt wissen zwar, was im Einzelnen hinter solchen Geschehnissen steckt, trotzdem aber darf ich solche Informationen natürlich nicht an dich weitergeben.

Gut, das mit dem Abrufdatum verstehe ich ja, aber warum kannst du mir zu den anderen Punkten nichts sagen?

WEIL ICH DAZU da bin, dich zu schützen, und nicht, um dich in Gefahr zu bringen. Deshalb streiche bitte alle Fragen, die du dir zu diesen Themen notiert hast, wie z. B.: Wer war wirklich für das Attentat vom 11. September 2001 in New York verantwortlich? Oder auch, ob Lady Diana damals in Paris wirklich einen Unfall hatte. Im Übrigen wird sich euch die wirkliche Wahrheit um all diese Begebenheiten sowieso irgendwann offenbaren. Aber nochmals ganz langsam und in aller Ruhe zum Mitschreiben: Egal was, wann, wo und wie geschah – bedenkt bitte immer wieder, nichts und niemand stirbt, wenn seine Lebensuhr nicht abgelaufen und das geplante Abrufdatum nicht da ist! Ohne Ausnahme!

Das Todesdatum steht fest

Warte mal, darauf sollten wir aber noch etwas ausführlicher eingehen, schließlich ist das eine unglaublich wichtige Information für uns Menschen, denn damit greifen ja keinerlei Selbst- bzw. Fremdvorwürfe mehr. Auch keine Aussagen wie z. B. »Treiben Sie Sport bzw. benutzen Sie dieses Produkt oder jenes Produkt, weil es Ihr Leben verlängern kann«.

SO IST ES, aber Achtung, das heißt nicht, dass diese Aussagen völlig falsch sind.

Natürlich nicht, denn vieles davon verbessert ja wirklich die Lebensqualität und das Wohlgefühl, schafft in vielen Fällen Schmerz- bzw. Bewegungsfreiheit oder lindert oft auch die körperlichen Gebrechen u. v. a., aber den Tag des Abrufes und dessen Endgültigkeit kann nun einmal niemand und nichts hinausschieben. Zu deutsch, es gibt definitiv keine sogenannten lebensverlängernden Maßnahmen, weil dies gar nicht möglich ist. Aber es gibt durchaus Maßnahmen, die unsere Lebensqualität im Rahmen unseres Erdenaufenthaltes verbessern können.

Damit scheiden aber auch all die Selbstvorwürfe von Hinterbliebenen aus, wie z. B.: Hätte ich meinen Mann nur von dieser Fahrt nach XY abgehalten, so wäre er nicht tödlich verunglückt und könnte heute noch leben. Oder: Hätte ich doch damals nur gegenüber meiner Frau darauf bestanden, dass sie früher zum Arzt geht, so hätte der Krebs noch rechtzeitig entdeckt werden können und sie hätte bestimmt nicht an dieser Krankheit sterben müssen. Oder: Hätte ich damals verhindert, dass meine Tochter mit diesem Mann in den Urlaub fliegen, so hätte sie nie und nimmer dieses Flugzeug bestiegen, wäre nicht damit abgestürzt und würde heute noch leben.

GRATULIERE, DU HAST all diese Zusammenhänge richtig erkannt und beschrieben. Deshalb nimm diese eben genannten Beispiele auch unbedingt in das Buch auf, denn es wird vielen Menschen helfen zu verstehen und ihnen die Augen für diese so immens wichtigen Zusammenhänge öffnen.

Da fällt mir übrigens gerade das nette Sprichwort ein: »Fahr' nie schneller, als dein Schutzengel fliegen kann.« Diese Aussage impliziert doch geradezu den fatalen Irrtum der gesamten Menschheit, dass nämlich sie selbst es sei, die das eigentliche Tempo vorgibt und nicht Gott – dabei ist es doch genau umgekehrt.

RICHTIG, ES IST der Hochmut, die Unwissenheit von euch Menschen, aber auch das Nicht-verstehen-Wollen der Wirklichkeit, was zu solchen Sprüchen führt, die ihr euch dann auch noch voller Stolz an die Wände in euren Wohnungen hängt.

Danke, Zacharias, das war, wie ich finde, eine der wohl wichtigsten Erkenntnisse und Aussagen des gesamten Buches, vielen Dank nochmals!

BITTE, BITTE, GERN geschehen.

O. K. nächste Frage. Schützen oder hindern Engel Menschen davor bzw. daran, z. B. ein Flugzeug zu besteigen, von dem in eurer Welt bekannt ist, dass es abstürzen wird, und wie tun sie dies?

NUN, WENN MENSCHEN sich planmäßig treffen, um im Kollektiv ihren Übergang anzutreten, dann sorgen wir Engel dafür, dass auch alle, deren Tag gekommen ist, auf dieser Maschine gebucht sind. Ist dort dann ein Mensch dazwischen, dessen Lebensuhr noch nicht abgelaufen ist, so meist deshalb, weil er trotzdem dazugehört, und wenn es nur die Erfahrung zu machen gilt, dieses Unglück – wenn auch vielleicht schwer verletzt – zu überleben. In solchen Fällen sorgen wir dann dafür, dass auch er seinen Lernschritt macht und trotz allem am Leben bleibt.

Du hast ja auch schon von solchen Unfällen gehört, bei denen Menschen schwerste Katastrophen wie durch ein »Wunder«, wie ihr das dann bezeichnet, überlebten. Meist verändert ein solches Erlebnis die Einstellung eines Menschen zu seinem Leben gründlich, und das ist dann der tiefere Grund, warum er diese Erfahrung machen musste.

War das dann im Lebensplan bereits festgelegt oder kann sich das auch durch die Art der Lebensführung ergeben?

JA, ENTWEDER ES ist festgelegt oder es war ein deutlicher Weckruf, weil diese Seele sich vom ursprünglichen Plan entfernt hat. Dies kann die verschiedensten Gründe haben. Manchmal greifen wir auch dadurch ein, dass wir Engel z. B. insbesondere Situationen im Umfeld der - sagen wir - »falschen Passagiere« schaffen, die sie geradezu dazu zwingen, diesen Flug zu stornieren oder umzubuchen. Dies gilt übrigens auch für Autos, Züge, Busse oder Schiffe, eben für alle Beförderungsmittel, mit denen kollektive Abrufgeschehnisse verbunden sein könnten.

Dieses Flugzeug musste abstürzen

Da fällt mir übrigens gerade ein Beispiel dazu ein: Ein Freund des amerikanischen Sachbuchautors Dr. Joseph Murphy, der selbst 1991 in eure Welt zurückkehrte, hatte einmal einen Überseeflug von New York nach London gebucht. Als er beim Checkin stand, tauchte – während die Dame am Schalter gerade mit seinem Gepäck beschäftigt war – plötzlich ein Inder mit Turban und Bart neben ihm auf und flüsterte ihm zu, er solle nicht in diese Maschine steigen, denn sie werde über dem Atlantik abstürzen. Der Mann stornierte daraufhin sofort seinen Flug und gab die eben erhaltene Information auch umgehend an die in der Warteschlange hinter ihm stehenden Passagiere weiter. Als er gefragt wurde, woher er denn diese Informationen hätte, erzählte er wahrheitsgemäß, dass vor zwei Minuten ein Inder neben ihm gestanden und ihm diese Information zugeflüstert habe. Man ließ ihn daraufhin von der Security Guard des Flughafens aus dem Gebäude geleiten, denn niemand aus der Warteschlange hatte diesen Inder gesehen.

Nun, du kannst dir sicher denken, was jetzt kommt, die Maschine ist wirklich über dem Atlantik abgestürzt, wie der imaginäre Inder es voraussagte, und es gab keinen einzigen Überlebenden.

GRATULIERE, DAS WAR jetzt ein gutes Beispiel, das dir und deinen Leser:innen zeigt, welche Möglichkeiten wir haben – und auch, wie wir diese einsetzen können. Tatsächlich war dieser Inder damals nur von diesem einen Passagier wahrgenommen und gesehen worden.

Dann sind also alle Katastrophen, bei denen eine Vielzahl von Menschen ihr hiesiges Leben verliert, Rückrufaktionen der geistigen Welt, und es ist sichergestellt, dass darunter kein einziger Mensch ist, dessen Lebensplan zu diesem Zeitpunkt nicht abläuft. Ist das richtig so?

RICHTIG, WIR ENGEL arbeiten nicht mit Zufallsgeneratoren wie ihr. (Lachen)

Auch auf die Gefahr, mich zu wiederholen: Ich finde das sehr wichtig für alle Trauernden und Hinterbliebenen, damit sie endlich die vielen Selbstvorwürfe vergessen, wie z. B. »Hätte ich nur meinen Mann von diesem Flug abgehalten« etc.

SO IST ES, und ja, es ist wirklich gut, dass du das nochmals so klar und deutlich erwähnst. Denn weißt du, alles unterliegt nun einmal dem Plan des Höchsten, dem Plan Gottes, und dieser Plan ist so vollkommen und so fein gesponnen, dass wirklich niemand seinem ihm ganz persönlich zugewiesenen Schicksal entrinnen kann. Begreift bitte, nichts und niemand stirbt, wenn der hohe Plan es nicht vorsieht, außer, wie gesagt, er tötet sich selbst.

7. Kapitel

Es gibt durchaus auch störrische Seelen

Wenn ich das bisher alles richtig verstanden habe, so ist es eure Aufgabe, dafür zu sorgen, dass alle eure Schützlinge immer zur rechten Zeit am richtigen Ort sind.

JA, NATÜRLICH, ABER – Einspruch – da der Mensch ja den freien Willen hat und mit diesem auch Abläufe verzögern kann, ist das alles manchmal nicht ganz so einfach. Wir sehen uns zwar alles an, aber ohne einzugreifen. Doch sobald wir die Gelegenheit sehen, führen wir unseren »Probanden« geschickt wieder in die vorgesehenen Lebensbahnen zurück.

Und noch etwas: Eine Seele kann auch manchmal so störrisch und bockig sein, dass wir so manches Register ziehen müssen, um sie abholen zu können. Allerdings lernt sie hier bei uns dann als Erstes, diese Sturheiten aufzulösen. Und in einem der nächsten Leben wird sie möglicherweise ein Prüfungsleben bekommen, in dem sie zeigen kann, dass sie ihre Lektion inzwischen gelernt hat und die Führung durch die Engel wieder besser zulässt. Es gibt natürlich auch Seelen, die wollen partout keine Führung, aber ohne Führung geht nun mal keine Seele zur Erde. In diesen

Fällen bleibt die Seele dann eben so lange bei uns, bis sie diesen Widerstand aufgibt.

Von wo aus wachst du eigentlich über mich?

ICH VERSTEHE DEINE Frage nicht ganz, ich habe bei deiner Zeugung meine wissenschaftliche Ebene verlassen und bin mit dir auf die Erde gegangen. Das habe ich dir doch bereits gesagt?!?

Was heißt »auf die Erde gegangen«?

Ich lebe mit dir
in deiner Wohnung

ICH BIN MIT dir auf die Erde gegangen und da lebe ich mit dir so lange, bis ich dich wieder abhole. Danach führe ich dich wieder in die geistige Welt ein und wenn diese Aufgabe erledigt ist, gehe ich wieder zurück auf meine Ebene und nehme dort meine wissenschaftlichen Arbeiten wieder auf.

Das heißt, du lebst bei mir hier in meiner Wohnung, und wenn ich von meiner Küche ins Wohnzimmer gehe, dann bist du an meiner Seite?

JA, AUCH IM Keller und auf dem Dachboden übrigens. (Lachen) Ihr meint alle, dass wir Engel - wenn ihr überhaupt daran glaubt, dass es uns gibt - irgendwo im Jenseits herumsitzen und von dort alles dirigieren. Nein, wir sind um euch herum; hier und jetzt beispielsweise stehe ich neben Silva und spreche durch sie mit dir, und wenn du nachher gehst, dann gehe ich mit dir nach Hause. Ich bin also immer und zu jeder Sekunde an deiner Seite.

Und wenn ich abends auf meiner Couch sitze und fernsehe, dann sitzt du auch neben mir?

RICHTIG, DANN SITZE ich bei dir, schaue mit dir in deinen Fernseher hinein und komme oft aus dem Staunen nicht mehr heraus (lacht).

Ja, kannst du das denn alles sehen, was da so kommt?

NATÜRLICH, ICH KANN das erfassen. Ich sehe und höre dich ja auch, oder glaubst du vielleicht, du hast einen »Trottel« als Engel? (Lachen) Ich kann sogar erkennen, erfassen, sehen, egal wie du das ausdrücken willst, ob die Sprecher, die Schauspieler oder auch all die Sportskanonen, die sich in diesem Kasten da produzieren, krank sind, die Wahrheit sagen oder auch nicht. Eure Politiker z. B., das ist ja was ganz besonders Interessantes! (Alle lachen) Weißt du, bei manchen von denen könnte ich wirklich laut aufschreien, wenn sie wieder und wieder das Blaue vom Himmel herunterlügen. Dabei machen sie dann auch noch schrecklich wichtige Gesichter, um sie herum allerdings ist alles stockdunkel, kein Licht, nichts, weil sie schwindeln und lügen. Dann denke ich mir immer wieder: Ach du lieber Gott, es hat sich wirklich noch nichts geändert auf dieser Welt. Egal ob – wie früher – Kaiser und Könige oder heutzutage eure Politiker, das alles sind teilweise schon ganz »besondere« Burschen, oh je, oh je. Aber das ist nun einmal so im Erdengefüge, daran habe ich mich inzwischen gewöhnt.

Du sagst, um einen Politiker, der beispielsweise schwindelt, ist es dunkel, wo ist dann bitte der Engel dieses Politikers?

NATÜRLICH IST DER Engel da. Wenn ein Mensch die Wahrheit sagt, können wir Engel ihn in einem strahlenden Licht stehen sehen. Lügt er dagegen, so ist es um ihn herum dunkel wie in tiefster Nacht. Mit dem Engel selbst hat das nichts zu tun, sein Schützling hat sich eben entschieden, aus machtpolitischen Gründen zu lügen. Und das ist nun mal sein freier Wille, dafür hat er sich entschieden. Also kann sein Engel nur dabeistehen und zusehen, denn er hat die Entscheidung seines Schützlings – frei nach dem Gesetz des freien Willens – zu respektieren.

Engel machen niemals Urlaub

Also das möchte ich jetzt genau wissen: Du bist mein Leben lang an meiner Seite. Das würde bedeuten, wenn ich ins Kino gehe, so sitzen da vielleicht hundert Menschen und zusätzlich sind noch hundert Engel in diesem Raum?

NATÜRLICH, EIN ENGEL darf seinen Schützling nie, zu keiner Zeit verlassen. Er ist an seine Seite gegangen, und dort ist und bleibt sein Platz bis zu dem Tag der Abberufung seines Schützlings. Was dachtest du denn, meinst du wir gehen zwischendurch ein paar Wochen auf Urlaub in die Berge oder ans Meer?

Nein, ich dachte schon, dass du über mich wachst. Aber nun bin ich doch überrascht. Ist das vielleicht der Grund, dass du mir einmal sagtest, dass dir auch manchmal andere Engel Botschaften bringen?

NATÜRLICH, ICH BIN ja sozusagen der Mittler oder das Verbindungsglied zwischen dir und der geistigen Welt, und diese Verbindung wird in der Regel durch Telepathie gehalten. Manchmal aber kommen auch Boten, die mir etwas mitteilen, beispielsweise weil ich darum bat.

Der Engel als Bindeglied zwischen den Welten

Also schränkt diese Erdgebundenheit, in die du durch mich eingebunden bist, auch dich in gewisser Weise etwas ein?

NEIN, SIE SCHRÄNKT mich nicht ein. Ich darf dich nur nicht verlassen, verstehst du, und somit nutze ich meine mir zur Verfügung stehenden Verbindungen, um wichtige Informationen, die in der Arbeit mit dir für mich von Wichtigkeit sein können, zu erhalten. Ich bin ja nur dein Engel, ich bin nicht das Göttliche selbst. Nochmals, ich bin das Bindeglied zwischen dir und der göttlichen Energie, die dir und deinem Körper das Leben eingehaucht hat, dein Herz schlagen lässt, deine Haare, Fuß- und Fingernägel wachsen lässt.

Bist du nun in mir, neben mir …

…UM DICH HERUM, aber gleichzeitig auch Teil deiner inneren Stimme und deiner Gedanken, denn dadurch führe ich dich ja.

Beim Sex haben Engel
nichts zu suchen

Vor einigen Tagen hatte ich ein Gespräch mit einer langjährigen guten Freundin aus der Schweiz. Wir sprachen dabei u. a. auch darüber, dass ihr Engel auf Schritt und Tritt um uns seid. Plötzlich lachte sie hell auf und fragte mich: »Was, auch beim Sex? Sind die da vielleicht auch dabei?« – Nun, ich glaube, auf diese Antwort sind nicht nur wir beide, Silva und ich, gespannt, sondern bestimmt auch unsere Leser:innen, da bin ich mir ganz sicher. Also, mein lieber Zacharias, nun klär' uns doch mal bitte auf!

WAS SOLL ICH bitte tun?

Entschuldige bitte, antworten, wir warten gespannt.

(Lautes, anhaltendes Lachen) HAST DU SCHON einmal etwas von Diskretion gehört? – Also, keine Sorge, Thema erledigt!

Sagst du das jetzt nur, damit wir beruhigt sind, oder wie darf ich das verstehen?

NEIN, ERNSTHAFT, WEISST du, wenn Menschen sich in gegenseitiger Liebe und Achtung körperlich verbinden, so ist das auch für uns etwas ganz, ganz Wunderbares. Aber da Sex eben auch auf sehr viele andere Arten – ihr wisst, was ich damit meine – ausgeübt und gelebt wird, die samt und sonders nichts mit dem Prinzip der Liebe zu tun haben, ganz im Gegenteil, muss ich beides zunächst klar voneinander trennen, bevor ich mich weiter dazu äußere.

Wenn also die körperliche Liebe in gegenseitiger Achtung, Respekt und Zuneigung praktiziert und ausgeübt wird, so schauen wir Engel weder weg noch hin, denn die Liebenden kommen in diesem Augenblick in eine Ebene hinein, wo wir Engel absolut nichts zu suchen haben. Verstehst du? Die Liebenden legen sozusagen den Schleier der Intimität über sich.

Aber trotzdem sind und bleiben die Liebenden während dieser Zeit weiterhin unter eurem Schutz?

NATÜRLICH, IN JEDER millionstel Sekunde ihres Erdenlebens. Nur, in diesen Augenblicken zieht ihr euch sozusagen in eine Ebene zurück, auf der wir Engel nichts, aber auch gar nichts zu suchen haben. Deshalb heißt es ja auch: Intimität! Also, um ein kleines Späßle einzustreuen: Der Schutzengel spickt nicht um die Ecke und guckt zu.

Silva: Er ist also kein Spanner?

(Lachen von allen)

NEIN, ICH HÄTTE mich an deiner Stelle jetzt aber etwas höflicher ausgedrückt, liebe Silva, und hätte in diesem Zusammenhang das Wort »Voyeur« vorgezogen.

Wie »entstehen« Seelen eigentlich?

Du sprichst von alten Seelen, du sprichst von jungen Seelen. Ich, so sagtest du, wäre eine alte Seele. Frage: Wie werden Seelen eigentlich geboren?

SEELEN WERDEN NICHT geboren, sondern sie gehen aus dem Göttlichen hervor. Siehe, bei uns auf diesen vielen, vielen Ebenen gibt es u. a. auch Ebenen der schlafenden Seelen, wo Millionen und Abermillionen von Seelen einfach nur ruhen, ähnlich wie etwa ein Kind im Leib seiner Mutter. Irgendwann werden diese – nennen wir sie einmal Neu-Seelen – dann erweckt, geschult und ausgebildet. Dabei gehen sie durch viele, ihr würdet dazu sagen »Schulklassen«, und danach beginnt dann ihre erste Erdeninkarnation. Aber es dauert eine ganze Weile, bis eine so junge Seele für einen Erdenaufenthalt reif und bereit ist.

Wie erlebt die Seele den Tod des Körpers, und wie geht es weiter, wenn sie in der geistigen Welt ankommt?

LASS UNS ZUNÄCHST vom »normalen« oder wie wir auch sagen liebevollen Tod sprechen. Nun, die Seele sieht in diesem Fall ihre früheren Freunde und Verwandten aus unserer Welt, die zur Begrüßung gekommen sind, und sie sieht ihren Engel. Meist geschieht dies, kurz bevor das Herz aufhört zu schlagen. Die Seele schlüpft dann aus dem Körper heraus und wird von ihren jenseitigen »Abholern« in Empfang genommen. Sie ist dann außerhalb ihres Körpers, sieht die Trauernden, die um ihren »abgelegten« Leib herum stehen, so sie nicht allein ist während dieses Prozesses. Dies alles ist für die jeweilige Seele natürlich auch sehr schmerzlich, denn sie würde die Hinterbliebenen am liebsten trösten und ihnen zurufen, dass sie selbst noch lebt, aber das ist natürlich völlig unmöglich.

Dann gibt es den gewaltsamen Tod, bei dem die Seele meist, sagen wir, geschockt und erschüttert ist, aber auch hier – denn für uns kommt ja der Abruf niemals plötzlich – warten dann die Abholer und kümmern sich wie immer sehr, sehr liebevoll um sie.

Dann gibt es die Selbstmörder, darüber haben wir ja schon ausführlich gesprochen, und dann gibt es natürlich auch noch solche Seelen, die sehr, sehr böse und ungehalten sind, weil sie ihren Körper verlassen mussten. Diese muss man erst einmal beruhigen und trösten. Oft wollen sie sofort wieder in einen neuen Körper zurück, denn es sind meist Menschen, die wie die Kletten an ihren weltlichen Besitztümern, an ihrem Geld, ihrer Macht oder einfach nur an ihrer Erdgebundenheit hängen.

Aber »eingefangen« werden alle, entrinnen kann, wie gesagt, niemand.

Aus alt
wird wieder jung

Gut, ich habe gehört, dass eine Seele, die aus einem alten, sagen wir achtzig- oder neunzigjährigen, oft auch kranken Körper herausschlüpft, sich fühlt wie ein 25-Jähriger. Ist das richtig?

NICHT GANZ, NATÜRLICH ist die Seele noch sehr erdgebunden, und deshalb ist sie nicht sofort – mit einem Fingerschnippen sozusagen – wieder jung und dynamisch, das nicht. Denn du darfst nicht vergessen, ihr alter Körper, ihr teils gequälter Geist und sie als Seele waren schließlich über lange, lange Zeit eine untrennbare Einheit.

Aber nach und nach, wenn der Regenerationsschlaf dann beendet ist, wird gemeinsam mit den Engeln und anderen bekannten Seelen das letzte Leben aufgearbeitet, analysiert. Auch darüber sprachen wir ja bereits. Von da an allerdings wird diese Seele dann mit der Zeit immer jünger und strahlender. Allerdings kommt es bei diesem Prozess sehr darauf an, ob sie selbst intensiv lernt und daran mitarbeitet, sich wieder verjüngen zu können und strahlender zu werden. Macht sie nicht intensiv mit, so dauert dieser Prozess natürlich wesentlich länger. Auch hier gilt: freier Wille, verstehst du?

Also drüben wie auch hier läuft derselbe Prozess ab; arbeite ich mit an meinem Seelenheil, komme ich weiter, wenn nicht, stagniert die Entwicklung und verlangsamt sich je nach der Intensität meiner Verweigerung?

JA, NUR DIESES Mal in der umgekehrten Reihenfolge; du kommst ja – nehmen wir doch den 80- oder 90-Jährigen – alt an und wirst immer jünger, und bei euch kommst du jung an und wirst immer älter.

Lass uns bitte nochmals auf den Regenerationsschlaf zurückkommen, den du eben etwas beiläufig erwähnt hast. Über ihn selbst haben wir noch gar nicht gesprochen. Du sagtest mir bei unserem allerersten Gespräch, dass es bei euch drüben Ebenen gibt, in denen die Seelen unter »Aufsicht« ihres Engels in eine Art Erholungsschlaf gelegt werden, der unterschiedlich lang sein kann, je nachdem, wie sehr die jeweilige Seele belastet ist.

GENAU SO IST es, jene Seele, nach der du mich damals fragtest – es war ein Bekannter von dir –, die aufgrund des sogenannten Sekundentodes ganz schnell ihren Körper verlassen musste, diese Seele schläft etwa ein Jahr (nach eurer Zeitrechnung), aber auch hier lege mich bitte nicht fest. Es gibt hier keine Von-bis-Voraussagen, sondern der Regenerationsschlaf ist individuell immer so lange, wie die Regenerationszeit der Seele andauert.

Aha! Stimmt es, Zacharias, dass wir fast immer an unseren eigenen Beerdigungen bzw. Trauerfeiern teilnehmen und dabei zuschauen, und stimmt es, dass besonders sensitive Menschen und gerade auch kleine Kinder diese Verstorbenen manchmal sogar sehen können?

Der Verstorbene ist bei seiner eigenen Beerdigung dabei

JA, DAS IST ganz normal. Der Verstorbene ist fast immer dabei, er verweilt auch oft noch einige Zeit bei seinen Lieben und versucht, sie zu trösten. Manchmal sagen die Hinterbliebenen auch: Ich habe das sichere Gefühl, dass mein Mann oder meine Frau – je nachdem – immer noch um mich ist. Dem ist dann tatsächlich so, und da gebe ich dir Recht, gerade kleine Kinder bis zum Alter von 4 bis 6 Jahren, die noch nicht so sehr erdgebunden sind, können diese Seelen dann oft auch so, wie diese als Menschen zu Lebzeiten aussahen, wahrnehmen und sehen, denn die Seele eines Verstorbenen ist zu diesem Zeitpunkt ja auch noch völlig körper- und erdgebunden.

Aber ein Tipp: Seelen, die bei diesen Feierlichkeiten dabei sind, können in diesem Zustand auch die Gedanken der einzelnen Mitglieder der Trauergemeinde sehr genau wahrnehmen, also Vorsicht, was ihr während einer Beerdigung oder Trauerfeier denkt. Man kann sich auf diese Weise bei einer Beerdigung auch sehr viel Sympathien beim »Verstorbenen« verscherzen, die man zuvor vielleicht jahrzehntelang aufgebaut und mühsam gepflegt hat (lacht).

Aids und Afrika

O. K., dass wir danach, wenn der Regenerationsschlaf beendet und das Leben aufgearbeitet ist, unsere verschiedenen Ebenen wählen und dort bis zur nächsten Inkarnation auch bleiben können, darüber hatten wir ja schon ausführlich gesprochen. Lass uns deshalb nun zu einem ganz anderen Thema kommen. Was ist bitte der Grund, warum gerade in Afrika so viele Menschen mit Aids infiziert sind?

NUN, DAS IST das momentane Schicksal des armen Kontinents Afrika in seiner Hilflosigkeit, aber auch die Verantwortungslosigkeit der restlichen reichen Staaten dem Kontinent Afrika und den dort lebenden Menschen gegenüber. Aids, Krebs oder auch frühere Seuchen wie z. B. die Pest, das sind alles Krankheiten, die ihr Menschen euch selbst durch euer Denken, Fühlen, euer Verhalten und euer Handeln erschafft, ebenso wie übrigens auch die Geschehnisse des 11. September 2001. Aber so schwer ihr das auch begreifen könnt, es sind auch Lernprozesse für euch alle. Prüfungen und Herausforderungen. Schau, solange die Menschen in den reicheren Ländern dieser Erde immer nur an sich selbst denken und nur daran, immer noch reicher und noch machtvoller zu werden, wird sich das alles nicht ändern. Was glaubst du denn, wer die Hauptverantwortung für die übermäßige Ausbreitung der Krankheit Aids in Afrika trägt? Wer, glaubst du, hat sie dorthin gebracht, und wer schaut jetzt, wo das Elend sich überall ausgebreitet hat, zur Seite, als ginge es niemanden außerhalb Afrikas etwas an?

Denkt bitte alle einmal genau darüber nach, denn Afrika ist für die ganze Welt zu einer Art Mahnmal geworden, das euch alle auffordert, umzudenken, liebevoller zu werden und verantwortlicher, brüderlicher zu handeln!

Ja, ich weiß, wenn ich nur daran denke, was dieser sinnlose Irak-Krieg an Geld gekostet hat und wie sehr man mit diesem Geld den Entwicklungsländern hätte helfen können. Wird es für Aids bald Heilungsmöglichkeiten geben?

NUN, EBENSO WIE ihr auch schon die Pest oder die Cholera unter Kontrolle gebracht habt, werdet ihr mit der Zeit auch Aids und andere Krankheiten in den Griff bekommen. Viele Wissenschaftler und Forscher, die dabei helfen werden, sind schon auf der Erde. Entweder sie liegen zur Zeit noch in den Windeln, gehen schon zur Schule, studieren bereits oder arbeiten vielleicht auch schon aktiv daran. Ja, es werden Lösungen kommen und auch Mittel, um auch diese Krankheit in den Griff zu bekommen.

Jede Seuche
hat ihren Stellenwert

Kannst du uns sagen wann etwa?

NUN, DAS LIEGT bei euch, denn teilweise gibt es schon Mittel, die euch weiterbringen könnten, deren Entwicklung aber nicht - sagen wir - besonders beschleunigt wird, weil man daran, die vielen Kranken teuer behandeln zu können, auch sehr, sehr viel Geld verdient - und damit wäre dann ja Schluss. Verstehst du?

Aber Achtung, jede Seuche hat auch ihren Stellenwert: als Prüfung, Herausforderung und Lernprozess. Deshalb - habt da keine »Sorge« - sobald Aids und Krebs einmal unter Kontrolle sind, werden auch wieder neue sogenannte unheilbare Krankheiten auftauchen, die ihr euch dann ebenfalls wieder selbst erschafft, um die ewige Polarität des Prüfungsplaneten Erde aufrechtzuerhalten, denn das Kommen und Gehen muss ja immer weitergehen. Die Erde ist nun einmal ein Gebilde, wo sich Seuchen gut entwickeln können, wenn ihr Menschen nicht richtig aufpasst.

Menschen handeln nun einmal sehr verantwortungslos, schau dir doch nur einmal Aids an: Seit Jahrzehnten wisst ihr, wie man sich damit infizieren kann, aber richtet ihr euch danach? Passt ihr, global betrachtet, besser auf? Nein, ganz im Gegenteil, Sex wird immer mehr zum Geschäft. Also, was wollt ihr, jammert nicht, sondern helft euch selbst!

Denkt in diesem Zusammenhang nur einmal an die Pest, die sich im Mittelalter nur deshalb so flächendeckend ausbreiten konnte, weil die Menschen im Schmutz, zwischen Ratten und anderem Getier lebten und auch weil sie nicht gerade besonders reinlich waren, weder bei der Körperhygiene noch bei der Zubereitung ihrer Nahrung. Hinzu kommt, dass die Herrschenden das Volk damals aussaugten, um sich selbst prunkvolle Schlösser zu bauen und große Feste feiern zu können. Fällt dir etwas auf, wenn du dies alles hörst?

Ja, es liegt an uns, diese Seuchen zu beenden, ihr könnt uns dabei nicht wirklich helfen, denn wir bräuchten ja nur die Umstände zu verändern, die einer Krankheit den Boden bereiten!

VOILÀ, GRATULIERE ZU dieser epochalen Erkenntnis, mein Sohn!

Weißt du, wer nicht richtig lenkt, fährt seinen Karren irgendwann unweigerlich gegen eine Wand, und wer weltweit Sex zu einem Multimilliardengeschäft pervertiert, kommt nicht drum herum, sich auch mit den Schattenseiten zu beschäftigen.

Gut, aber es ist ja nicht das Gros der Menschheit, das daraus ein Multimilliardengeschäft macht, treffen tut es aber die »Kleinen«.

RICHTIG, ABER ES läge auch an den Kleinen, und zwar an jedem Einzelnen, das Angebotene eben nicht anzunehmen, es nicht zu konsumieren oder sich selbst zumindest so wirksam wie möglich davor zu schützen.

Stimmt, o. k., du hast mich überzeugt. Wir sollten nicht bei euch jammern, sondern uns selbst an die eigene Brust klopfen.

8. Kapitel

Geburt durch Kaiserschnitt

W ir sprachen darüber, dass unsere Zeit auf Erden festgelegt ist. Wie passt das aber dazu, dass heutzutage viele Kinder oft Tage zuvor per Kaiserschnitt aus dem Bauch der Mutter geholt werden?

(Lachen) ACH, WEISST DU, so eng darfst du das aus deiner weltlichen Sichtweise nicht sehen. Du musst wissen, hundert Jahre bei euch, das ist bei uns wie einmal Augen auf und zu. Verstehst du! Also, so eng wie eure Kalender dies auf die Minute und Sekunde vorgeben, ist das nicht zu sehen, sowohl das Geburts- als auch das Sterbedatum könnten aus eurer Sicht gesehen um Tage, ja sogar manchmal auch um Wochen variieren.

Ich erinnere mich da an den Fall eines Knaben im Jahre 1950, dem gefiel es so gut im Bauch seiner Mutter, dass er erst drei Wochen später und stolze 10 Pfund schwer auf die Welt kam! Wenn ich mich nur daran erinnern könnte, wer das war?!? (Lachen)

Ha, ha, ha, sehr witzig. Aber trotzdem danke für die Klarstellung.

NEIN, ALLEN ERNSTES, seht das bitte nicht so eng. Siehe, manches Mal, wenn ein Mensch z. B. im Sterben liegt und dann erfährt, dass sein Sohn oder seine Tochter auf dem Weg zu ihm ist, setzt er einfach seinen ganzen Willen ein, so lange zu leben, dass er sich von diesen geliebten Menschen noch verabschieden kann, und das wird dann von Gott auch toleriert. Kaum sind die Kinder aber am Sterbebett angekommen, so geht es oft sehr, sehr rasch mit dem Sterbenden zu Ende. Das kennt ihr doch alle, zumindest aus Filmen, Büchern und Erzählungen!

Was ist der Sinn
von »Weckrufen«?

Sind eigentlich die sogenannten »Weckrufe«, die Menschen erhalten, weil sie ihren ursprünglichen Lebensplan nicht einhalten, immer nur das allerletzte Mittel, sprich: Sind diesen massiven Geschehnissen zuvor schon zig andere Warnungen vorausgegangen?

GENAU SO IST es. Das hast du wunderbar formuliert. Es gibt Menschen, die z. B. Tag und Nacht nur arbeiten, weil sie ausschließlich materiell und weltlich orientiert sind. Wenn so ein Mensch, sagen wir, Krebs bekommt und durch diese Herausforderung aufwacht und erkennt, dass er falsch gelebt hat, daraufhin sein Leben verändert und sich vielleicht der Natur zuwendet, der Harmonie, etwa als Gärtner, dann – und diese Fälle sind nicht selten – geht diese Krankheit oft auch schnell wieder zurück, und niemand, vor allem nicht eure Ärzte, versteht genau, warum.

Auch Unfälle sind oft solche universellen »Weckrufe«. Aber, und da hast du Recht, all diesen heftigen »Weckrufen« sind bereits zig andere eindringliche Hinweise vorausgegangen, die der Mensch zuvor alle samt und sonders ignoriert hat. Und wenn halt streicheln, schubsen und der eine oder andere stärkere Klaps nichts bewirken, so muss Gott manchmal auch zu Mitteln greifen, die dann eben nicht mehr zu ignorieren sind.

Weißt du, mein Sohn, seinem Schicksal kann niemand aus dem Weg gehen, trotzdem ist es unendlich wichtig, immer positiv zu denken, optimistisch zu sein und Lebensfreude auszustrahlen, denn dies belebt nicht nur den Organismus und das Zellwachstum, nein, es führt eben auch dazu, dass wir Engel euch besser und leichter führen können.

Ein positiver Mensch ist offen für alles, lässt leichter los und erschafft in den wenigsten Fällen jene Situationen, die dann zu solchen massiven »Weckrufen« führen müssen. Aber Achtung: Positiv-konstruktiv zu leben und zu denken heißt, dies auch umfassend zu tun, sich also Zeit für sich selbst zu nehmen, für seine Gesundheit, seine Hobbys, seine Familie und eben nicht nur Karriere zu machen und reich zu werden. Menschen, die sich ausschließlich nur auf den einen Lebensaspekt, möglichst viel Geld zu verdienen, egal auf welche Weise, konzentrieren – und diesen Fehler begehen heutzutage sehr viele Menschen gerade in der westlichen Welt –, leben, und wenn sie noch so erfolgreich sind, äußerst falsch und einseitig. Nicht umsonst haben die heutzutage typischen »Weckrufe« wie Herzinfarkte, Schlaganfälle, Bandscheibenvorfälle, Krebs und Unfälle aller Art in den letzten Jahrzehnten so immens zugenommen, denn sie alle zwingen den Menschen zur Ruhe. Führt diese Ruhe dann zum Nachdenken und zur Einsicht, dem Leben fortan neue Impulse bzw. eine neue Richtung zu geben, so haben sie ihren Sinn erfüllt. Wenn nicht, so können sich diese Ereignisse so lange wiederholen, bis der Lernschritt angenommen und gelebt wird oder der menschliche Körper durch diesen Raubbau nicht mehr lebensfähig ist und die Seele ihn verlässt. Letzteres bedeutet – wie bereits erwähnt: Du lernst und arbeitest nach deinem Abruf aus dem weltlichen Körper hier bei uns so lange an diesem Thema, bis sich der gleiche Fehler in einer späteren Inkarnation nicht noch einmal wiederholt.

Heißt das, der Schützling hat sich in irgendeiner späteren Inkarnation genau derselben Prüfung nochmals zu stellen und bekommt dann erneut die Chance, das zwischenzeitlich Gelernte so anzuwenden, dass die Prüfung dieses Mal bestanden werden kann?

JA, GENAU SO ist es.

Und wenn er dieses Mal wieder nicht besteht?

NUN, DANN EBEN beim nächsten oder übernächsten Mal.

Das heißt, der Mensch wiederholt die Prüfung so lange, bis er sie besteht, habe ich das richtig verstanden?

JA, DAS HAST du richtig verstanden.

Gut, dann habe ich eine weitere Frage.

Wenn minderjährige Mädchen Mutter werden

Wenn ein minderjähriges Mädchen von 14 oder 15 Jahren ein Kind bekommt, wird sie oft von den Eltern mit Vorwürfen überschüttet. Ist diese Schwangerschaft ebenfalls im Lebensplan als Prüfung sowohl für die Eltern als auch für die werdende Mutter und das Kind geplant gewesen?

NUN, AUCH WENN das Mädchen noch so jung ist, dieses frühe Muttertum war geplant. Dies sollten die Eltern respektieren und ihrem Kind jedwede Unterstützung zuteilwerden lassen, denn dies alles ist für ihre minderjährige Tochter eine sehr große Herausforderung und äußerst schwierige Prüfung. Im Moment der Inkarnation der Kindseele in ihrem befruchteten Ei hat das Mädchen nämlich den Mutterstatus angenommen, d. h. sowohl ihr Körper als auch ihre Seele machen eine tiefgreifende Veränderung durch. Aus diesem Grund ist es sehr wichtig, dass die jeweiligen Eltern ihr schwangeres Kind liebevoll unterstützen und die Seele nicht auch noch zusätzlich durch dumme Vorwürfe belasten. Meist sind ja solche Schwangerschaften aus weltlicher Sicht überraschend und ungeplant und lösen deshalb so schon genug Angst, Unsicherheit und Verzweiflung in der werdenden Mutter aus, deshalb sollten sich gerade die Angehörigen tunlichst weniger darum kümmern, was die Nachbarn und der Briefträger darüber reden und denken könnten, sondern sich vielmehr darum kümmern, ihrem Kind verlässliche Eltern und gute Freunde zu sein.

Und nun denkt bitte auch an den Fötus, der ja diesen seelischen Schock, all diese Ängste, die Verzweiflung, das Geschrei, das Gezeter und die Vorwürfe durch Eltern und das Umfeld sehr genau registriert. Deshalb – und nun aufgepasst – kommen in diesen Fällen dann auch sehr oft Blutungen, weil die Seele sich unwohl fühlte, um Rückkehr bat und der Fötus deshalb ausgeschwemmt wird.

Schwangerschaftsabbruch

Und was ist, wenn das Kind bleibt, die Mutter sich aber zu einem Schwangerschaftsabbruch entschließt?

WAS SOLL SEIN, es ist der freie Wille des Menschen und kommt täglich weltweit zigtausend Mal vor! Nochmals: Wir beschäftigen hier bei uns keine Scharfrichter und es wird auch kein wie auch immer geartetes Tribunal geben, wenn die Seele dieser Frau nach ihrem Tod hier bei uns ankommt. Die Kindseele kehrt eben wieder zu uns zurück, basta!

Weißt du, manchmal ist es auch nur die Aufgabe dieser inkarnierten Seele, die junge Mutter und manchmal auch deren Eltern zu prüfen und aufzurütteln. Auch das ist oft der tiefere Sinn solcher Schwangerschaften bzw. Schwangerschaftsabbrüche.

Lass' mich bitte an dieser Stelle nochmals ganz eindringlich darauf hinweisen: Eine jede Seele geht nach dem Plan des Höchsten durch viele, viele Inkarnationen hindurch, ob arm oder reich, gesund, krank oder auch behindert, ob gut oder ungut, ob erfolgreich oder erfolglos bzw., wie in diesem Fall, ob geboren oder ungeboren. Genau durch diese Erlebnisse erschafft sie sich im Laufe der Jahrtausende nun einmal ihre Erfahrungen, die dann Teil ihres Seelenreichtums werden.

Hilf dir selbst,
so hilft dir Gott

O. K. so weit verstanden. Nun zu einer anderen Frage: Angenommen ein Mensch hat richtig große Probleme, die ihn oft bis zur schieren Verzweiflung fordern, so wie ich dies ja auch schon erlebt habe. Was kann er also tun, um an Lösungen zu kommen bzw. noch direkter mit seinem Engel Verbindung aufzunehmen, wenn er nicht wie ich das Glück hat, dass ihm ein Gespräch mit seinem jeweiligen Engel ermöglicht wird?

DAS LEBEN IST nun mal mit Prüfungen verbunden, aber jeder Mensch kann auch lernen, mit seinem Leben besser umzugehen, sich selbst besser kennenzulernen, er kann meditieren lernen, in die Selbstfindung gehen und vieles andere mehr. Du weißt selbst am besten: Wenn du nicht vor 28 Jahren diesen Weg der Selbsterfahrung und des Selbstmanagements eingeschlagen hättest, so würdest du heute nicht hier vor mir sitzen. Nicht jeder Mensch kann einfach so locker mal eben mit seinem Schutzengel reden wie du jetzt heute hier oder auch in den vergangenen Tagen oder Wochen. Auch ist es absolut nicht üblich, dass der Schutzengel seinem Schützling so viel sagen darf, wie ich dir jetzt, wo wir dieses Buch zusammen schreiben. Aber das ist ja auch der Grund, warum wir es schreiben, damit möglichst viele Menschen diese Wahrheiten erfahren können. Auch die Menschen, die Silva annimmt, um sie mit ihren jeweiligen Engeln ins Gespräch zu bringen, werden ganz bewusst zu ihr geführt, und Silva weiß sehr genau, wen sie mit ihrem jeweiligen Engel verbinden darf und wen nicht. Der Mensch muss nämlich auch reif sein für ein solches Gespräch, und er muss vor allen Dingen mit dem, was er dabei so alles erfährt, auch umgehen können. Auch das ist Teil des göttlichen Planes, eben so wie es auch Teil des Lebensplanes jedes Einzelnen ist.

Du wirst in der Zukunft übrigens sehr viele Seminare darüber abhalten, wie man sich auf ein Gespräch mit seinem ganz persönlichen Schutzengel vorbereitet, um möglichst viel über sich und sein Leben erfahren zu können.

Du weißt es doch selbst am besten, es kommt immer nur darauf an, was ein Mensch aus seinem Leben macht, ob er sich unserer Führung öffnet oder sich ihr verschließt, um sich ausschließlich an das Weltliche und Materielle zu klammern. Vorschlag: Mach' doch am Ende des Buches eine Art Empfehlungsliste von Büchern für unsere Leser:innen, mit denen du selbst schon gearbeitet hast und die auch dir auf deinem Weg immer wieder weiterhalfen.

Mache ich gerne, danke für den Tipp (siehe Seite 205f.).

Du meinst also auch, dass das positiv-konstruktive Denken und Handeln nach wie vor ein ganz praktikabler und höchst empfehlenswerter Weg zu sich selbst, zur inneren Stimme, zur Selbsthilfe und zur besseren Lebensbewältigung ist?

Die innere Stimme
ausbilden lernen

JA, NATÜRLICH, SCHAU dir doch nur einige deiner Seminarteilnehmer der letzten Jahre an, was sie teilweise aus sich und ihrem Leben gemacht haben. Nach wie vor gilt es, das richtige Selbstmanagement zu erlernen. Es geht darum, die innere Stimme zu schulen und mit ihr in Kontakt zu kommen, denn das ist ja auch der Weg, der zu uns Engeln führt. Sobald dieser Weg einmal »freigeschaufelt« ist, ist auch ein engerer Kontakt mit uns möglich und unsere Stimme kann von den einzelnen Schützlingen dann besser wahrgenommen werden. Was glaubst du wohl, wer dir und den anderen Lebenshilfeautoren einst zur Seite stand, als ihr eure Bücher geschrieben habt? Wir – eure Engel, und niemand anders! Aber all diese Affirmationen, Imaginationen, Meditationen sowie auch die anderen Übungen zur Auflösung von Blockaden im Unterbewusstsein, wie auch du sie empfiehlst, müssen sehr ernsthaft und liebevoll vollzogen werden, damit sie ihre Wirkung entfalten können. Außerdem ist es äußerst wichtig, dass die Menschen zu ihren Büchern, die sie lesen, und zu den Seminaren, die sie besuchen, auch nach außen stehen können. Nur dann nämlich können sie auch bald schon mit Gleichgesinnten zusammengeführt werden. Wer dagegen glaubt, er könne durch die Anwendung des positiv-konstruktiven Denkens schnell und einfach reich werden, indem er diese geistigen Gesetzmäßigkeiten zwar anwendet, aber die Gesetze der Liebe dabei ausklammert und beim Geldverdienen sozusagen über »Leichen« geht, der wird und muss zwangsläufig früher oder später scheitern. Heute mehr denn je, weil die Schwingung des Planeten bereits schon viel, viel höher ist als noch vor 10 oder 20 Jahren. Wer die geistigen Gesetze also bewusst oder unbewusst korrumpiert und mit ihnen unlauter arbeitet, auf den werden sie bald schon in der negativsten Form zurückfallen. Man kann nun einmal keine negativen Signale aussenden und positive Ergebnisse anziehen. Dies ist nicht möglich.

Aber du und all deine Autorenkollegen, ihr könnt eben auch immer nur aufzeigen, was zu tun ist und nicht das Leben anderer Menschen leben. Das ist und bleibt nun einmal deren ureigene Herausforderung. Ihr seid schließlich keine Meister, wie Jesus dies war, aber ihr seid immerhin sehr wichtige Impulsgeber. Das Umsetzen des Gelernten aber obliegt ganz allein euren jeweiligen Lesern oder Seminarteilnehmern: freier Wille, nichts anderes.

Licht- und Schattenzeiten

Wir sprachen vom Lebensplan, von Prüfungen und Herausforderungen. Ist es eigentlich üblich, dass nach »Schatten« (schweren Zeiten) auch wieder »Licht« (schönere Zeiten) folgt, sprich: Ist das Leben so angelegt, dass auf Herausforderungen und schwierige Zeiten auch wieder die glücklicheren folgen?

GUT, DASS DU diese Frage stellst. Weißt du, viele Menschen, und in diesen Zeiten sind das unglaublich viele auf dieser Welt, haben inzwischen völlig verlernt, mit dem Leben zu fließen. Deshalb verharren sie meist freiwillig übermäßig lange in den sogenannten dunklen Zeiten. Ich will dir auch gerne sagen, warum dies so ist. Ihr Menschen habt durch ein falsches Wissen, das euch seit einigen Jahrzehnten eingebläut wird, verlernt, erfolgreich mit dem Leben zu kommunizieren. Die Wurzel allen Übels liegt dabei darin, dass ihr anfangt, wie die Verrückten zu kämpfen, wenn irgendetwas in eurem Leben nicht so läuft, wie ihr euch das gerade vorstellt. Anstatt ruhig zu werden, loszulassen und dem Leben die Lösung zu überlassen, fangt ihr an zu powern und verkrampft dabei völlig. Dadurch, dass ihr auf diese dumme Art und Weise vielen Herausforderungen falsch und sozusagen zwanghaft gegenübertretet, erschafft ihr euch aber immer neue und noch größere Probleme.

Hier ist das positive Denken leider auch jahrzehntelang völlig falsch wiedergegeben worden und schlägt deshalb heute negativ auf seine jeweiligen Anwender zurück. Der Sinn des positiven Denkens ist es, verschiedene Gedanken und Ideen so in die Tat umzusetzen, wie man das auch mit einer Pflanze im Garten tut. Das, was anwächst und gedeiht, was aufblüht und Früchte bringt, um das sollte man sich kümmern, das andere dagegen kompromisslos ausreißen bzw. unterpflügen. Aber auch das, was üppig blüht und wächst, hat seine Zeit, und deshalb sollte man dann, wenn man erkennt, dass die Zeit der Blüte langsam zu Ende geht, wieder daran gehen, Neues einzupflanzen etc.

So weit, so gut. Aber da ihr Menschen eure allergrößten Probleme damit habt, Altes, Überlebtes loszulassen, und zwar sowohl im Großen wie auch im Kleinen, verhindert ihr immer wieder euer eigenes Glück, indem ihr am Alten und Überlebten festhaltet wie die Kletten.

Wie das positive Denken oft missbraucht wird

GROSSKONZERNE UND FIRMEN beispielsweise schulen ihre Mitarbeiter heutzutage im positiven Denken. Sie wollen das Ganze aber immer nur auf den Verkauf ihrer Produkte fokussieren. Du weißt ja selbst, wie das geht: Eine Firma will dich – und das ist im letzten Jahr des Öfteren vorgekommen – für ein 1-Tages-Seminar engagieren, sagt dir aber von vorneherein, worüber du nicht sprechen sollst. Es geht diesen Leuten also nicht um die Wahrheit, sondern nur um Manipulation. Die Teilnehmer sollen zwar Umsätze machen für ihren Konzern, du darfst aber nicht darüber sprechen, dass es durchaus manchmal auch angebracht ist, sich einmal Gedanken darüber zu machen, ob man überhaupt noch den richtigen Beruf ausübt, wenn man beispielsweise seit Jahren oder Monaten nicht von der Stelle kommt. Sie wollen auch nicht, dass du darüber sprichst, dass es oft besser ist für den Mitarbeiter, Altes loszulassen, denn sie haben ja nur das Eine im Sinn, dass ihr Mitarbeiter ausschließlich für sie Umsatz macht.

Durch solche Manipulationen, die du, mein Sohn, Gott sei Dank nie wirklich mitgemacht hast, wird das Ganze nämlich zur Farce. Es ist ähnlich und hat auch denselben Stellenwert, wie wenn man einem Fisch die Flossen abschneidet und danach von ihm erwartet, dass er noch eine Spur schneller schwimmt. In allen diesen Fällen wird das positive Denken völlig missbraucht, und deshalb kann daraus auch nicht wirklich etwas Fruchtbares entstehen.

Aber auch im kleinen Familienbetrieb läuft es ähnlich. Wenn der Umsatz stagniert, kämpft und kämpft man im alten Trott weiter, anstatt den Mut zu haben, Grundlegendes zu verändern bzw. das Ganze vielleicht völlig loszulassen, eben weil das Vertrauen in das größere Ganze nicht vorhanden ist. Stattdessen lasst ihr euch völlig von euren Verlustängsten beherrschen, ohne zu begreifen, was ihr euch und eurem Geschäft damit antut.

Dieses angstgesteuerte Denken kann aber letztendlich nur dazu führen, dass die Dunkelheit um euch herum immer noch schwärzer und die Probleme noch größer werden, manchmal sogar so groß, dass der Einzelne sich irgendwann das Leben nimmt, weil er keinen Sinn mehr darin sieht.

Hier muss weltweit entweder umgedacht werden oder ihr alle schlittert einer sehr düsteren Zukunft entgegen.

Also, positiv-konstruktives Denken funktioniert nur dann, wenn man dem Lebensplan auch die Möglichkeit gibt, sich in seiner Gänze zu entfalten. Aber dazu müsst ihr zuerst wieder das Loslassen und das Vertrauen in die göttliche Führung lernen.

Um das aber wieder praktizieren zu können, bleibt euch nichts anderes übrig, als intensiv an euch zu arbeiten und mehr über die ewig gültigen geistigen Gesetzmäßigkeiten zu lernen, daran führt in der Endkonsequenz kein Weg vorbei. Einen Zaubertrank oder gar eine Pille, die ihr Menschen alle so gerne hättet, gibt es nicht und wird es auch niemals geben.

Merkt euch bitte: Die Erde ist euer Prüfungsplanet und ihr habt versprochen, euch dieser Prüfung zu stellen. Also, nun entscheidet euch, es sind eure Nerven, es ist eure Gesundheit, euer Leben und eure Zukunft.

Gier ist etwas Zerstörerisches

Das stimmt, weißt du, ich habe manchmal den Eindruck, dass all die wirtschaftlichen Probleme und auch die hohen Arbeitslosenzahlen daraus resultieren, dass man vor lauter Angst, den Hals nicht voll genug zu bekommen , das berufliche Hamsterrad vor Jahren so auf Geschwindigkeit getrimmt hat, dass wir damit eine Art Eigendynamik ausgelöst haben, der wir heute nicht mehr folgen können. Einerseits wird rationalisiert und andererseits lassen sich die Menschen, die einen guten Job haben, oft über die Grenzen ihrer Nervenkraft und Gesundheit hinaus belasten, nur um nicht nachdenken, loslassen oder zurückstecken zu müssen.

TEILWEISE SCHON, ABER ihr überschätzt euch selbst auch maßlos, seid arrogant, ignorant, selbstherrlich und mit den Jahren leider auch immer unmenschlicher geworden.

Du meinst jetzt speziell uns Deutsche?

JA, NATÜRLICH AUCH, aber nicht nur, alle Menschen – speziell in der westlichen Hemisphäre – glauben heutzutage, sie hätten alles längst selbst im Griff. Sie reduzieren Gott zwischenzeitlich nicht nur auf einen alten Mann mit einem langen weißen

Bart, sondern betrachten ihn leider auch als ein längst überholtes Relikt, das man in der heutigen Zeit nicht mehr wirklich braucht. Sie denken, Gott wäre dazu da, die von euch angezettelten Kriege dann, wenn sie für euch richtig unangenehm werden, zu stoppen, ebenso wie auch die von euch verursachten globalen Zerstörungen, egal ob sie das Wetter, den Planeten oder auch Krankheiten wie Aids oder Krebs betreffen.

Stimmt, in allem, was wir so alles »versaubeuteln« und was Gott nicht umgehend wieder repariert, glauben wir den Beweis zu sehen, dass es ihn in Wirklichkeit doch nicht gibt.

RICHTIG, ABER IHR habt bis heute noch nicht begriffen, dass ihr alle selbst kleine Götter seid, die für all das, was sie tun, auch Verantwortung zu übernehmen und zu tragen haben. Deshalb auch eure vehemente Ablehnung und Ignoranz gegenüber der Reinkarnationslehre, denn sie anzuerkennen hieße ja gleichzeitig auch zu akzeptieren, dass ihr für all eure Taten und deren daraus resultierende Folgen selbst verantwortlich seid.

(Lachen) Aber Zacharias, in diesem Fall müssten die Menschen ja nicht nur ihr eigenes abstraktes Weltbild komplett revidieren, sondern auch ihre Lieblingsworte »Zufall«, »Glück« und »Pech« sowie alle anderen faulen Ausreden und Schuldzuweisungen gegenüber anderen endgültig vergessen und einmotten!

DA HAST DU zweifellos Recht, aber wenn die Menschheit nicht schon sehr bald entsprechend umzudenken beginnt, sich nicht wieder der Liebe zuwendet und den wirklichen Sinn des Lebens begreifen lernt, so bekommt ihr alle – und zwar flächendeckend – in den nächsten Jahrzehnten richtig große Probleme. Die Anfänge sind weltweit ja überall schon sehr deutlich zu sehen.

Also, was rätst du den Menschen?

WARTET NICHT, BIS die anderen anfangen umzudenken, sondern beginnt selbst damit, in euren eigenen vier Wänden. Wichtig ist, dass ihr damit anfangt, euer Denken und euer Leben wieder auf die Macht der Liebe auszurichten. Dann wird auch genau dort mit der Zeit wieder mehr Frieden und Harmonie einkehren.

Wichtig ist nicht, was die anderen tun, sondern nur, was ihr selbst tut. Die Welt kann der Einzelne nicht verändern, aber sich selbst sehr wohl – und genau darum geht es.

9. *Kapitel*

Können Krankheiten
vererbt werden?

O. K., Zacharias, nächste Frage: Bei uns hier auf der Erde herrscht vielfach die Meinung vor, es gebe Krankheiten, die vererbt werden können, ist das so?

IN GEWISSEN FÄLLEN ja, das kommt auf die Sippenzugehörigkeit und die vererbten Gene an. Aber ihr müsst auch aufpassen, denn man kann auch Krankheiten an sich ziehen, indem man glaubt, es wäre so.

Also, jemand befürchtet, weil die Oma vielleicht an Nierenversagen starb, er könne diese Krankheit erben. Jetzt lebt er in der ständigen Angst davor. In diesem Falle hat er sich mittels seines Glaubens und seiner ständigen Ängste den Impuls für diese Krankheit selbst erschaffen. Ob ihr es nun glaubt oder nicht, dies kommt fast genauso oft vor wie die wirkliche Vererbung. Also seid vorsichtig, wem ihr die Türen und Tore eures Unterbewusstseins öffnet, dem Positiven oder dem Negativen.

Vorschlag von mir, Zacharias: Wäre folgende Affirmation für Menschen, die unter diesen Ängsten leiden, die richtige: »Meine

Großmutter starb zwar an Nierenversagen, aber ich selbst bin gött-
lich geschützt. Ich bin gesund und bleibe gesund. Und so ist es!«

JA, DAS WÄRE eine sehr, sehr gute Formel, sich nicht
künstlich diese Krankheit zuzuziehen. Und selbst wenn diese
Krankheit im Schicksalsplan dieses Menschen enthalten ist, so
wird er ihr zwar dadurch vielleicht nicht ganz entgehen können,
aber durch diese Affirmation hat er natürlich die Chance, dass
die Krankheit wesentlich glimpflicher verläuft als damals bei
seiner Oma.

Positiv zu denken und Affirmationen zu sprechen kann
eben auch zur rechtzeitigen Früherkennung und deshalb zu
besseren Behandlungschancen führen. Es gibt einfach keine Al-
ternative zum positiv-konstruktiven Denken, weil es einen nicht
zu unterschätzenden Schutzmechanismus gegen das Negative,
gegen Angst und Verzweiflung aufbaut. Du weißt ja selbst am
besten, was mit solchen Techniken und vor allem auch mit der
Kraft des Gebetes alles möglich wird, schließlich erlebst du
selbst jeden Monat in deinen 2-Tages-Trainings, wie sich nicht
nur die Stimmung der Menschen, sondern auch oft ihre Ge-
sichtszüge äußerst positiv verändern, wenn ihr entsprechend
gezielt mit ihnen arbeitet. Im Übrigen wird es wirklich Zeit, die
Menschen darüber aufzuklären, dass negative Befürchtungen
dieser Art immer zuerst zu Überzeugungen im Unterbewusstsein
und deshalb später oft tatsächlich zu solchen Krankheiten
führen können.

Leben Menschen,
deren Vorfahren sehr alt wurden,
ebenfalls sehr lange?

Zacharias, es gibt noch eine weitere Theorie hier bei uns, und die lautet: Wenn die Vorfahren sehr, sehr alt wurden, dann haben auch die Nachkommen eine große Chance, ebenfalls sehr, sehr alt zu werden.

DAS IST RICHTIG, aber vergesst dabei bitte nicht den Lebensplan, der ja immer sehr individuell angelegt ist. Sagen wir so: Eine Garantie gibt es nicht. Aber was gibt es schon für Garantien im Leben, nicht?

Gut, du hast Recht, keine Regel ohne Ausnahme, aber als Orientierung und Richtschnur kann man es doch durchaus gelten lassen, richtig?

JA, DENN MEISTENS haben Menschen, die sehr alt werden, auch wieder Menschen gezeugt, die ihrerseits auch sehr alt werden wollen.

Aha, das ist ja interessant! So habe ich das noch nie gesehen!

... bis dass der Tod
uns scheidet!

O. K. kommen wir zur nächsten Frage: Ist es für Menschen überhaupt sinnvoll, zu heiraten und dabei vor Gott ein Treueversprechen abzugeben mit dem schönen Schluss: »Bis dass der Tod uns scheidet«?

NUN, DAS ALLES sind menschliche Versprechen, die ja in der Regel alle vorschnell abgegeben werden, ohne zu wissen, wo der Lebensplan, den diese Menschen angenommen haben, sie letztlich hinführt. Deshalb gibt es Ehen, die bis zum Ende des Lebens halten, andererseits gibt es aber auch die sogenannten Episodenehen, die auch irgendwann wieder auseinandergehen. Egal, wie auch immer, beides hat im Leben für die jeweiligen Menschen seinen Stellenwert, und beides sind Prüfungen und Meilensteine auf ihrem Weg, bei denen es auch darum geht, wie beide mit der jeweiligen Situation umgehen.

Du hast ja auch schon einmal einer Frau das Ja-Wort gegeben und dich ein paar Jahre danach wieder von ihr getrennt, weil ihr beide festgestellt habt, dass ihr einfach nicht zusammenpasst. Nun, du weißt heute, dass die Trennung für euch die richtige Entscheidung war. Hättet ihr damals, um deinen Eltern oder den Nachbarn gegenüber den Schein zu wahren, an dieser Ehe festgehalten, wärt ihr beide mit Sicherheit todunglücklich geworden. Also, was soll das, ihr habt euch entschlossen, eine einmal getroffene Entscheidung zu revidieren, und dagegen ist nichts, aber auch gar nichts einzuwenden.

Im Übrigen sagte ich dir ja bereits, dass du in nicht mehr allzu ferner Zeit der für dich schicksalhaften Frau begegnen wirst, mit der du sehr glücklich und auch sehr alt werden darfst. Um diese Begegnung habt ihr beide, diese Frau und du, noch vor eurer Geburt hier bei uns in unserer Welt gebeten, und es wurde euch beiden auch erlaubt, euch in diesem Leben zu finden. Siehst du, spätestens dann hättest du gar nicht anders gekonnt, als dich von deiner damaligen Frau – wärst du heute noch mit ihr verheiratet – zu trennen, weil deine Gefühle dich gar nicht anders hätten handeln lassen können.

Es gibt also Ehen, die wurden lange vor der Geburt bereits im Himmel geschlossen, und diese Ehen halten dann meist auch auf der Welt, und zwar ganz ohne Schwur und Eid. Und es gibt die Ehen, die auf der Erde geschlossen werden und – wie alles im menschlichen Sein – der Veränderung anheimfallen. Also nochmals, kein Mann, keine Frau muss, auch wenn er oder sie dies vor 10 oder 20 Jahren noch so oft versprochen bzw. geschworen hat, in einer Ehe ausharren, wenn diese nicht mehr funktioniert. Aber Achtung: Sehr wichtig ist, dass solche Trennungen möglichst ohne Groll, sondern harmonisch, in gegenseitiger Achtung und gegenseitigem Respekt über die Bühne gehen, damit der Weg beider Parteien in ein neues Glück nicht durch Wut, Zorn, Streit- und Neidgedanken blockiert wird.

Du meinst, beide Parteien blockieren sich sozusagen selbst durch ein solch destruktives Verhalten?

NATÜRLICH, WEIL SIE auf diese Weise ihre gute Ausstrahlung zerstören. Schaut euch doch nur um in der Welt, was manche Scheidungskriege aus den Beteiligten machen: verbissene, von Zorn zerfressene, destruktive Menschen, vor denen jeder Außenstehende möglichst rasch die Flucht ergreift!

Zu deutsch: Zwei Menschen, die sich in Zwist und Zorn voneinander trennen, verbauen sich dadurch beide – und dies oft auf Jahre hinaus – die Chance, eine neue, glücklichere Partnerschaft zu finden, weil sie von anderen unterbewusst als unharmonisch, blockiert und unversöhnlich wahrgenommen werden?

GENAU SO IST es.

Zölibat und Selbstbefriedigung

Ist das Zölibat, das besagt, dass ein katholischer Priester nicht heiraten und keine Frauen haben darf, nicht von vorneherein eine Farce, weil der Sexualtrieb eines Menschen auf Dauer einfach nicht vollkommen unterdrückt werden kann?

DA HAST DU Recht, es steht nirgends geschrieben, dass das Zölibat zur Bedingung gemacht werden darf, damit ein Mensch Gottes Diener werden kann. Übrigens, es steht ebenso wenig geschrieben, dass nur Männer und keine Frauen Gott dienen dürfen. Eure Diskussionen darüber sind wirklich sehr dumm und zeigen, wie weit sich eure Kirchenführer von der wirklichen göttlichen Wahrheit entfernt haben. Es sind menschliche Verirrungen, Machtspiele und Zwanghaftigkeiten, die dabei leider seit Jahrhunderten schon eine sehr große und bedeutsame Rolle spielen.

Damit wäre ich auch gleich bei meiner nächsten Frage: Ist es wirklich Sünde und etwas Verwerfliches, wenn Menschen sich selbst befriedigen, wie die Kirchen dies seit Jahrtausenden schon behaupten?

NUN, ES GIBT von unserer Seite aus keine Einwände, wenn ein Mensch sich Erleichterung verschafft, indem er sich selbst befriedigt. Das ist nichts Böses und auch mit keinerlei Fluch belegt. Das kannst du übrigens exakt so schreiben, wie ich es eben gesagt habe, möglichst noch fettgedruckt.

Aber auch hier gilt wie bei allen Dingen des Lebens: Körperlicher Schaden tritt immer dann ein, wenn etwas – ganz egal, was es ist – exzessiv angewandt und betrieben wird.

Was sagst du zum Thema Organverpflanzungen?

Ist es aus eurer Sicht richtig, Organe zu verpflanzen?

DAGEGEN IST NICHTS einzuwenden, wenn es in der ehrlichen Absicht geschieht, und dies sage ich deshalb, weil in diesem Bereich ja vieles passiert, was nicht in Ordnung ist. Ihr wisst alle genau, was ich damit meine, Stichwort: Organhandel.

Also kein Problem, dass der Spender und der Empfänger ganz verschiedene Lebenspläne hatten?

NEIN, ES IST ja nur ein einzelnes Organ, weißt du, Organverpflanzungen wurden auch schon vor fünf- oder zehntausend Jahren von den damaligen Urvölkern praktiziert. Das ist also nichts Neues. Auch damals hat man mit Menschen zu Lebzeiten bereits Vereinbarungen getroffen, dass man ihnen nach ihrem Tode Organe entnehmen kann, um sie anderen Patienten zur Rettung ihres Lebens einpflanzen zu können.

Wie bitte, wann soll das gewesen sein, das konnte man doch damals noch gar nicht?

(Lachen) OH, MEIN LIEBER Junge, du hast ja keine Ahnung, eure heutigen Operationsmethoden stecken gegenüber denen mancher Urvölker noch geradezu in den Kinderschuhen.

Wie bitte? Jetzt bin ich aber wirklich sprachlos.

WEISST DU, DIESE Urkulturen, wie z. B. die Mayas, Inkas, die Sumerer oder auch die Ägypter, haben damals noch sehr, sehr eng mit uns aus der geistigen Welt zusammengearbeitet, u. a. zum Beispiel, indem sich die Ärzte dieser damaligen Völker von geistigen Kapazitäten aus unserer Welt ganz bewusst die Hände während der Operationen führen ließen. Auch waren diese Urvölker auf vielen Gebieten der Medizin und der Operationstechniken viel, viel weiter, als ihr das heute seid. Aber darauf können wir gerne in einem späteren Buch einmal ausführlich zurückkommen. Vielleicht darf ich dann, wenn ich die Erlaubnis dazu bekomme, auch einen unserer hiesigen Ärzte aus der geistigen Welt zu diesem Gespräch hinzuziehen, den du dann ausführlichst über die damaligen Operationsmethoden, über Narkose und ähnliche Dinge befragen kannst.

(Anmerkung des Autors: Die sumerischen Aufzeichnungen sind die ältesten schriftlichen Aufzeichnungen, die die Menschheit heute kennt. Sie sind ca. 5.800 Jahre alt, aber sie beschreiben u. a. auch Dinge, die schon vor Milliarden von Jahren geschehen sind. Das Volk der Sumerer lebte damals im Zweistromland zwischen Euphrat und Tigris im heutigen Irak.)

Eine ganz bescheidene Frage: Würde es dich sehr stören, mein lieber Zacharias, wenn ich beim nächsten Mal jemanden zu unserem Gespräch mitbringe, der mir und Silva nach solchen Aussagen, wie du sie jetzt eben getätigt hast, zwischendurch immer wieder einmal den Unterkiefer hochklappt? (Lachen)

NICHTS DAGEGEN (lacht). Oh, mein Sohn, ihr wisst ja noch so vieles nicht, und auch dieses Buch ist nur der Anfang, glaube mir bitte. Es wird dir der Unterkiefer im Verlaufe unserer künftigen Gespräche noch ein paar Mal herunterklappen.

Das glaube ich dir unbesehen, trotzdem komme ich gleich zur nächsten Frage: Wie stehst du eigentlich zum Klonen von Menschen und Tieren, zu genmanipuliertem Obst, Gemüse und Getreide?

Klonen – soll der Mensch
sich da nicht besser
heraushalten?

ALSO, LASS UNS mit dem Klonen von Tieren und Menschen beginnen. Das ist nicht gut, was sich da auf eurer Welt zu entwickeln beginnt. In gar keinem Fall, denn jeder Mensch und jedes Tier ist ein göttliches Unikat, und das kann man nicht einfach so mir nichts, dir nichts vervielfältigen. Du kannst davon ausgehen, dass den jeweiligen Menschen, die dies tun, seitens des göttlichen Planes sehr deutlich Einhalt geboten werden wird. Mehr darf ich dir dazu heute aber noch nicht sagen!

Zum Zweiten und damit zu deiner Frage nach der Nahrung: Tatsache ist, dass all diese Lebensmittel in Wirklichkeit viel schlauer sind als die Menschen, die sie manipulieren wollen. Denn auch wenn sie gentechnisch verändert werden, so bleibt das Urwissen und die Urinformation in ihnen trotzdem erhalten, und das allein ist das Entscheidende.

Die Menschen sollten sich also aus all diesen Dingen heraushalten. Darf ich dich so verstehen?

JA, DAS WÄRE das Beste, aber du weißt ja, dass Menschen immer schon gerne Gott spielen wollten, das alles ist nichts Neues. Aber auch dieses Mal, wie schon so oft zuvor, werden sich einige dieser »Strategen« dabei ganz gewaltig die Finger verbrennen.

Lass mich gleich eine ähnliche Frage nachschieben. In der Palmblatt-Bibliothek in Bangalore in Indien kann jeder Mensch, der dort hinkommt, seinen Lebensplan einsehen und auch sein Todesdatum erfahren. Frage: Wie ist das möglich?

DAS IST NICHT ganz richtig, was du da sagst, denn diejenigen, die aus diesen Palmblättern lesen, haben zweifellos spirituelle Fähigkeiten, nehmen aber diese sogenannten Palmblätter lediglich als Intuitionsrichtlinien für ihre Vorhersagen und Prophezeiungen. Es gibt keine einzige Bibliothek auf eurer Welt, in der alles geschrieben steht. Das gibt es nur bei uns auf dieser Seite des Lebens, und das ist die Akasha-Chronik.

(Anmerkung des Autors: Die Akasha-Chronik ist der Begriff für das Weltgedächtnis, aus dem sowohl die Vergangenheit als auch die Zukunft gelesen werden können.)

Manche haben mehrere Schutzengel

Silva erzählte mir, dass manche Menschen nicht nur einen Engel haben, sondern auch zwei oder drei – stimmt das? Und wenn ja, warum ist das so?

WARUM, HAST DU etwa Sorge, dass du mit mir unterversorgt bist? (Lachen)

Nein, du Spaßvogel. Im Ernst.

ALSO, JETZT WIEDER im Ernst: Angenommen, eine Seele plant eine neue Inkarnation und ist in der geistigen Welt z. B. sehr eng mit zwei Seelen verbunden, die – vielleicht vor 1.000 oder 1.500 Jahren – schon einmal ihre leiblichen Eltern waren und ihrerseits zwischenzeitlich »Schutzengel« studiert haben. In diesem Falle kann diese Seele hier bei uns darum bitten, dass diese beiden früheren Elternseelen sie, ihr ehemaliges Kind, in ihrer neuen Inkarnation sozusagen als »Schutzengelduo« auf die Erde begleiten dürfen. Das könnten aber auch Geschwister aus früheren Leben sein, denen das zugestanden werden kann. Voraussetzung für eine solche Konstellation wird aber, wie gesagt, immer sein, dass die gewählten Begleiter bereits den Schutzengelstatus erlangt haben.

Du hattest mich gerade gefragt, wo mein Humor bliebe, deshalb nun die halb spaßige, aber auch halb ernst gemeinte Frage: Angenommen, es war jemand vor 1.000 Jahren Mitglied eines – sagen wir – Gesangvereins, dessen damalige Mitglieder inzwischen alle Engel geworden sind. Kann er dann diesen ganzen Gesangverein als seinen privaten Schutzengelchor anfordern? (Lachen) Im Ernst, ich meine damit: Gibt es hier Begrenzungen?

NEIN, DAS NICHT, du bist vielleicht lustig (lacht). Aber ich weiß ja, worum es dir mit dieser Frage geht. Natürlich gibt es auch Begrenzungen. Also: Angenommen, zwei von drei Brüdern, die vor etwa 1.000 Jahren in einer sehr, sehr engen Seelen-Bruderschaft lebten, haben den Weg des Schutzengelstudiums absolviert. Der damals dritte Bruder dagegen, der diesen Weg nicht wählte, steht nun vor einem neuen Erdenleben. In diesem Fall kann dieser darum bitten, in der neu anstehenden

Inkarnation von seinen ehemaligen Brüdern begleitet zu werden. Sind diese beiden Engelseelen dann ebenfalls an der Begleitung ihres Seelenbruders interessiert, so kann diesem Ansinnen in unserer Welt durchaus zugestimmt werden, und sie gehen dann als Schützling bzw. Schutzengel-Duo gemeinsam auf die Erde.

Aber niemals – und jetzt kommt es – können dies irgendwelche »fremden Menschen« sein, die man vielleicht in einem früheren Leben einmal kennengelernt hat, sprich Mitglieder eines Gesangvereins.

Aber, Voraussetzung ist natürlich, dass die sie jeweils Begleitenden ihre Ausbildung als Schutzengel bereits durchlaufen haben, sonst geht es natürlich nicht. Verstehe ich das richtig?

GENAU, DAS VERSTEHST du richtig, deshalb formulierte ich ja eben beide Beispiele mit einem genügend großen Zeitabstand zwischen den Inkarnationen, sodass sowohl die beiden »Engelsbrüder« als auch die früheren Eltern ihre jeweiligen Ausbildungen absolvieren konnten. Weißt du, man kann nicht so ohne Weiteres ein Schutzengel werden, nein, man muss sich zuvor für diesen Weg entscheiden und auch die notwendigen »Akademien« erfolgreich abgeschlossen haben.

Du z. B. könntest gar kein Schutzengel werden, wenn du zu uns zurückkommst, denn du hast dich für einen ganz anderen Weg entschieden. Du bist nämlich eine sehr weltliche Seele mit sehr viel geistigem Einfluss auf die Menschen, und du hast deshalb noch sehr viele Inkarnationen in einem menschlichen Körper zu leben. Du wirst also mehr auf der Welt gebraucht, denn das ist deine Hauptaufgabe.

Sind wir Menschen zuerst
ein Stein ...

Beginnt eine junge Seele ihr Leben eigentlich grundsätzlich als Stein, wird dann später zuerst eine Pflanze, dann ein Tier und danach erst ein Mensch?

NEIN, WENN DU eine Menschenseele bist, wirst du immer als Mensch geboren werden. Ich weiß, dass diese Meinung bei euch und vielen eurer spirituellen Wissenschaftler vorherrscht, aber so ist es definitiv nicht.

Die Atomkraft und
ihre Gefahren

Apropos Wissenschaft, was kannst du uns zu den Gefahren sagen, die uns durch die vielen Atomkraftwerke auf dieser Welt drohen könnten?

DU MEINST DIE Atomenergie und deren Nutzung?

Ja.

NUN, DIE ATOMENERGIE ist nichts Neues, mit ihr arbeiteten schon die Atlanter. Allerdings sind sie u. a. durch diese Energien – die damals übrigens noch viel gefährlicher waren als heute und irgendwann völlig außer Kontrolle gerieten – auch untergegangen. Also sehr, sehr aufpassen mit dieser Art von Energie.

Wir sollten uns also besser um die Erschließung alternativer Energien kümmern, richtig?

SCHAU, DAS UNIVERSUM ist voll verschiedenster Energien, und alle sind dazu da, von euch genutzt zu werden. Ihr solltet eure Aufmerksamkeit deshalb mehr darauf richten, diese zu entdecken, zu entschlüsseln und für euch nutzbar zu machen, anstatt immer mehr und immer neue Energieformen für Massenvernichtungswaffen zu kreieren. Da aber das letzte Jahrhundert ein Zeitalter der Technik, der Macht und des Geldes war, ist die Erforschung und Erschließung natürlicher Energieressourcen, die nicht der Kriegstechnik dienen bzw. die Geldgier befriedigen konnten, immer sträflicher vernachlässigt worden.

Allerdings wird man sich schon sehr bald wieder genau darum kümmern müssen, denn die Menschheit erkennt immer mehr, dass es so nicht mehr weitergehen kann, egal ob es sich um die Atemluft, das Trinkwasser oder auch um die Nahrung handelt.

Wird dies rasch geschehen? Denn wenn ich nur daran denke, dass allein unser Obst und Gemüse in wenigen Jahrzehnten schon über 40 % an Vitaminen eingebüßt hat – von unserer Luftverschmutzung und unserer weltweit beginnenden Wasserarmut ganz zu schweigen –, dann mache ich mir da schon Sorgen.

JA, ABER DU solltest dir keine allzu großen Sorgen machen. Wir sind ja auch noch da, und es werden auch schon laufend immer mehr »lichte Seelen« auf die Erde geschickt, die die notwendigen Umbrüche sowie ein globales Umdenken bzw. Umlernen in den nächsten Jahrzehnten und Jahrhunderten einleiten werden.

Das freut mich zu hören, und ich glaube, auch unsere Leser:innen werden über diese Nachricht sehr glücklich sein, besonders wenn man an die heranwachsenden Generationen sowie deren spätere Kinder und Kindeskinder denkt.

ABER ACHTUNG, DAS, was ich euch eben ankündigte, bedeutet nicht, dass ihr, die ihr ja auch die Verantwortung für eure Erde habt – und da ist jetzt jeder Einzelne von euch angesprochen – nun die Hände in den Schoß legen sollt, nein, das nicht, sondern ihr solltet schon tun, was ihr tun könnt, um an dieser Veränderung mitzuarbeiten.

Ja, das ist natürlich klar, aber um nochmals auf die Atomenergie zurückzukommen: War Tschernobyl in diesem Zusammenhang eine Art kosmischer Weckruf für die gesamte Welt?

NUN JA, TEILWEISE schon, aber es war natürlich auch ein sehr deutlicher Hinweis für euch alle, was geschehen kann, wenn ihr im Umgang mit dieser Energie schlampig und nachlässig seid.

Müssen wir eigentlich große Angst davor haben, dass irgendwann einmal ein Flugzeug, egal ob gewollt, z. B. von Terroristen, oder ungewollt durch einen Unfall auf einen solchen Atomreaktor fällt?

NUN, DAS IST das Erdenschicksal, das ihr selbst bestimmt. Wir haben euch keine Terroristen auf die Erde geschickt, die habt ihr euch schon selbst herangezogen. Und mit den Konsequenzen, die für euch daraus erwachsen, müsst ihr nun leben, ob ihr dies wollt oder nicht. Das sind eure Prüfungen, du weißt ja, Ursache zeigt Wirkung.

Aber sagen wir so: Sollte es zu einem solchen Unfall oder auch Anschlag kommen, so sorgen wir schon dafür, dass die Katastrophe nicht allzu weit ausufert; allerdings die, die es direkt trifft, wie damals in Tschernobyl, für die wird es natürlich schlimm werden. Bitte denkt aber auch in diesem Zusammenhang immer wieder daran:

1. Es gibt in Wahrheit ja gar keinen wirklichen Tod.

2. Alles ist lediglich der Spiegel eurer eigenen Gier und

3. auch dies wird besser werden, wenn diese neuen Lichtseelen, von denen ich zuvor sprach, in die Verantwortung für die Welt kommen.

Aber nochmals sehr deutlich: Die Erde wird immer ein Prüfungsplanet bleiben, ein sogenanntes Paradies wird sie nie sein können, denn ein solches gibt es – wenn überhaupt – dann nur auf unserer Seite des Lebens. Dies bedeutet, Unfälle und Naturkatastrophen, Terrorismus, Verbrechen, Krieg und Totschlag wird es, solange es Menschen gibt, auch in der Zukunft immer wieder geben.

Was ist unsere Aufgabe in eurer Welt?

Welcher Art sind eigentlich die Aufgaben einer Seele auf den verschiedenen Ebenen in eurer Welt? Könnten wir darüber noch etwas Näheres erfahren?

NUN, DAS IST sehr vielschichtig, es kommt immer darauf an, wie viele Leben die jeweilige Seele schon gelebt hat, sowohl auf der Erde als auch hier bei uns in unserer Welt, und wie viel Wissen bzw. wie viel Erfahrung sie hat. Nehmen wir einmal an, eine sehr alte, erfahrene und wissende Seele kommt hier bei uns an, so wird sie natürlich dann, wenn die Zeit reif ist, um eine Ebene bitten, auf der sie ihr vorhandenes Wissen weiter ausbauen kann. War diese Seele auf der Erde z. B. ein Gärtner, der immer alles für seine Pflanzen getan hat, sie hegte und pflegte, so wird er bestimmt auch hier bei uns um eine Pflanzenebene bitten, auf der er sein vorhandenes Wissen noch mehr vertiefen kann. Auf diese Weise bildet sich die Seele dann weiter und erfährt natürlich noch viel, viel mehr über das Wesen und die Seelen der Pflanzen, als dies bei euch auf der Erde möglich war. Wenn dieser Gärtner dann in seiner nächsten Inkarnation wieder den Gärtnerberuf wählen sollte, so wird er gewiss mit der Zeit sehr, sehr große Anerkennung finden, denn es werden ihm vielleicht Züchtungen gelingen, die ihr Menschen dann möglicherweise als geradezu genial bezeichnen werdet. Er wird vielleicht auch Wettbewerbe gewinnen und dadurch eine wahre Kapazität im Gärtnerwesen werden.

Aber auch, wenn er das nächste Mal einen anderen Beruf wählt, z. B. Mathematiklehrer, so kann es sein, dass er sich vielleicht in seiner Freizeit mit der Aufzucht von – sagen wir – Orchideen befasst und von allen bewundert wird. Je nachdem, verstehst du. Natürlich könnten wir allein mit solchen Beispielen eine ganze Buchhandlung füllen.

Es geht also immer nur um Wissen, denn Wissen ist die Grundlage für sich immer vermehrenden Seelenreichtum, du lernst, lernst und lernst, sowohl im Körper auf der Erde als auch als Seele hier bei uns in unserer Welt. Weißt du, auf diese Weise profitiert sowohl die Erde als auch die geistige Welt, denn dadurch kommt es bei euch ja auch zu Erfindungen und zu wissenschaftlichen Fortschritten. All diese Ebenen hier sind natürlich auch sehr, sehr reiche Ebenen, reich an Wissen. Stell dir doch nur einmal vor, dass der ehemals weltliche Gärtner hier bei uns lernt, sich mit seinen Pflanzen, Blumen, Sträuchern und Bäumen in Verbindung zu setzen, sozusagen mit ihnen zu sprechen. Was meinst du, was so eine Pflanze alles mitzuteilen hat? Was sie über und von sich alles preisgeben kann? Inzwischen wisst ihr ja bei euch auf der Erde auch schon - und das nicht nur in spirituellen Kreisen -, dass Pflanzen viel besser und üppiger gedeihen, wenn man sie berührt, streichelt oder auch liebevoll mit ihnen spricht. Woher, meinst du, kommt euer heutiges Wissen darüber? Nun, es wurde auf unserer Ebene durch die Pflanzen selbst an euch weitergegeben und gelangte dann mit der Zeit auf die Erde. Was glaubst du wohl, warum es so wichtig ist, dass ihr Menschen wieder lernt, Zugang zu eurer Intuition zu finden? Genau dort ist nämlich nicht nur euer gesamtes Wissen der Inkarnationen gespeichert, sondern auch wir Engel »unterhalten« uns von dort aus mit euch.

(Anmerkung des Autors: Die Zeitschrift Bildwoche (Nr. 17 vom 15. April 2004) brachte zu diesem Thema übrigens einen hochinteressanten Bericht unter dem Titel: Was fühlen Pflanzen? Antwort: Mehr, als wir ahnen! Sie können sogar riechen, sehen, schmecken, hören – und eine eigene Sprache haben sie auch.)

Wie lernt man, die Intuition zu nutzen?

Was heißt »unterhalten«?

NUN, NEHMEN WIR einmal an, du stehst vor einem schwierigen Problem. Was tust du dann?

Ich versuche natürlich, es zu lösen.

UND WIE GEHST du dabei vor?

Ich denke über Lösungsmöglichkeiten nach.

UND WENN DU keinen Ausweg findest, was machst du dann?

(Lachen) Dann stürze ich mich vom Teppichrand.

HAST DU EIN Späßle gemacht?

Ja, Chef!

DARFST DU, MEIN Sohn, darfst du.
Trotzdem nochmals, was macht ihr Menschen, wenn euer Kopf die Lösung nicht finden kann?

Nun, wenn es lange so geht, dann verfallen wir in Zorn, Wut, Ängste, Depressionen, Panik und vieles andere mehr.

RICHTIG, UND WARUM fragt ihr nicht euren Engel nach der optimalen Lösung?

Nun, ich denke, nicht jeder kann das so tun, wie ich dies im Moment tun kann.

DOCH!

Wie? Doch?

ERINNERE DICH, ALS du noch deine kleine Freundin in Österreich hattest – mit der dich übrigens eine große Liebe über drei vergangene Leben hinweg verbindet –, bist du doch sehr oft Richtung Salzburg gefahren, und weil es dort einen regionalen Radiosender gab, dessen Machart und Musik dir ganz besonders gut gefiel, konntest du es jedes Mal kaum erwarten, endlich in den Bereich dieses Senders zu kommen, um ihn wieder hören zu können, richtig?

(Lachen) Richtig, der besagte Sender heißt übrigens »Antenne Salzburg«, und ich traktierte jedes Mal schon kurz nach Rosenheim mein Radio wie ein Bekloppter, um deren Sendungen möglichst rasch nach Erreichen des Sendebereiches empfangen zu können.

DAS HEISST, DU musstest dich zuerst von deinem Wohnort hier am Bodensee entfernen, die richtige Richtung einschlagen und ganz konsequent auf diesem Weg bleiben, um nicht nur in den Bereich dieses Senders zu kommen, sondern ihn auch möglichst klangrein und sauber empfangen zu können.

Genau.

UND, HÄTTEST DU, ohne dich von deinem festen Standort wegzubewegen, jemals die Chance bekommen, diesen Sender zu empfangen respektive ihn überhaupt je kennen- und liebenlernen zu können? Anders gefragt: Hättest du jemals erfahren, wie sehr die von dort kommende Musik auf deiner Linie liegt, wenn du dich nicht zielstrebig und freiwillig auf ihn zubewegt hättest?

Wohl kaum!

SIEHST DU, GENAU so verhält es sich auch mit unserer Welt. Nur ein Mensch, der sich die Mühe macht, seine eingefahrenen Geleise sowie seine momentan gültigen Standpunkte zu verlassen und sich auf die lange Reise durch die unumgänglichen Erfahrungen, Schmerzen, Erkenntnisse und Glücksmomente zu begeben, der kommt irgendwann auch einmal in den Bereich unseres »Senders« und kann uns dann ebenfalls klar und deutlich empfangen. Wer dies aber nicht tut und seinen »Hintern« niemals aus seinem bequemen Sessel erhebt, dem kannst du hundert Mal von deinem Salzburger-Antenne-Sender vorschwärmen; er wird dessen Musikprogramm niemals hören können, weil er sich schon gar nicht die Mühe machen möchte, selbst etwas dazu beizutragen. Allerdings sind es inzwischen schon mehr als 33 % der Menschheit, also fast schon jeder Dritte – mit steigender Tendenz übrigens –, die sich auf den Weg begeben und unbedingt in den Bereich unserer Sendefrequenz kommen wollen. Kapiert?

Kapiert!

EIN JEDER MENSCH kann seinen Engel sprechen, indem er lernt, den inneren »Empfänger« auf die »Sendefrequenz« der Engel einzustellen, und noch bevor er fragt, hat er auch schon die Antwort bekommen!

Und mit »Empfänger« einstellen meinst du bestimmt, wir sollen den Kontakt mit der inneren Stimme intensivieren?

GENAU. DU DENKST ja mit, dass die Sonne nur so lacht!

Danke. Dann erklär doch mir und den Leser:innen bitte einmal, wie man seine innere Stimme schulen kann, um mit euch in Kontakt zu kommen?

NUN, DAS WILL ich gerne tun und deshalb passt jetzt alle sehr, sehr genau auf, was ich euch hierzu zu sagen habe.

Egal welches Problem ihr habt: Immer der erste Gedanke, der euch dazu in den Kopf kommt, das sind wir, das ist die Lösung, die euch von eurem Engel über die Intuition mitgeteilt wird.

Aber natürlich, ihr seid Menschen – dann kommt euer Verstand ins Spiel und mit diesem nehmt ihr diese Botschaft erst mal komplett auseinander und sortiert sie in die verschiedensten Ecken eures Gehirns hinein – so lange, bis nichts mehr davon übrig ist.

Noch einmal, wir sind immer mit euch in Verbindung, unsere Kommunikation mit euch ist immer da und jetzt wisst ihr auch noch: Immer der erste Gedanke – der sind wir, und wenn ihr euch das jeweils aufschreibt, was wir euch so durchgeben, bevor ihr damit anfangt, zu grübeln und hin und her zu denken, dann werdet ihr sehen, dass sich eure Probleme viel, viel leichter lösen lassen und unsere Führung euer gesamtes Leben wesentlich erleichtert. Ja, ihr werdet im Nachhinein immer wieder lächeln und sagen: Jawohl, es war richtig, was mir mein Engel damals riet!

Und wie sollen jene Menschen, die mit ihrer Intuition bisher noch nicht so auf Du-und-Du stehen, diesen Zugang finden?

NUN, HERR SEMINARLEITER, du erklärst doch ständig deinen Teilnehmern, wie sie den Zugang zu ihrer Intuition finden können. Also bitte, dann tue es doch auch jetzt und hier, denn du machst das ja ganz gut. Warum also nicht auch in diesem Buch? Ich werde mich derweil ein wenig zurücklehnen und lediglich eingreifen, wenn es notwendig sein sollte.

Also gut, meine lieben Leser:innen, dann gönnen wir Zacharias doch einfach ein kleines Päuschen. Ich hoffe, ich formuliere das Gewünschte zu seiner und Ihrer vollsten Zufriedenheit.

Also, um möglichst schnell wieder mit unserer Intuition und damit auch mit unserem jeweiligen Schutzengel in Kontakt zu kommen, müssen wir immer wieder üben, und das geht so: Fangen Sie anfangs damit an, um die Beantwortung bestimmter Fragen zu bitten. Diese Fragen sollten möglichst nicht allzu schwer sein, sondern solche, auf deren Antwort Sie notfalls auch verzichten könnten. Nehmen wir ein Beispiel: Sie fragen sich im Juni: »Was könnte ich dieses Jahr wohl meinem Kind am besten zu Weihnachten schenken?« Oder: »Seit Monaten habe ich meine Schere verlegt, deshalb bitte ich meine Intuition, mich zu ihr zu führen!« Oder: »Wie hieß nochmals das Lokal mit der schwäbischen Küche, wo ich als Kind so gerne mit meinen Eltern Maultaschen essen ging? Ich danke meiner Intuition für die Enthüllung dieses Namens.«

Nochmals: Wichtig ist, dass es sich zu Übungszwecken um zunächst Fragen handelt, die man im Anschluss an die Übung ohne Weiteres auch wieder loslassen kann, ohne dass die Gedanken sich ständig weiter um deren Beantwortung drehen.

Nehmen wir doch einmal die drei eben vorgeschlagenen Fragen und sehen uns diese unter diesem Gesichtspunkt einmal etwas genauer an:

1. Das Weihnachtsgeschenk für Ihr Kind.

   Nun, im Juni wird Sie dieses Problem ohnehin nicht Tag und Nacht beschäftigen, denn bis Dezember ist es erstens noch lange hin und zweitens hätten Sie zuvor bestimmt noch eine gute Idee, was Sie für Ihr Kind kaufen könnten.

2. Die verlegte Schere.

   Klappt es nicht und sie taucht nicht wieder auf, so leisten Sie sich eben eine neue.

3. Die Frage nach dem Namen des Restaurants.

Das Restaurant gibt es eh schon lange nicht mehr und der schwäbische Koch, der diese Maultaschen zubereitete, ist sowieso längst in Rente.

Es ist also sehr wichtig, dass Sie die jeweilige Frage an Ihre Intuition möglichst bald auch schon wieder vergessen können. Wenn wir nämlich unserer Intuition eine Aufgabe übergeben und diese bald danach wieder loslassen, können wir umso schneller mit einer Antwort rechnen. Ist die Frage dagegen lebenswichtig, so bringen Sie weder die Intuition noch das Unterbewusstsein dazu, die entsprechende Antwort freizugeben, weil Ihr gesamtes Gedankenkarussell noch tagelang um die Frage kreist. Sie kann den Kopf also gar nicht verlassen, um ins Unterbewusstsein zu sinken.

Wenn Sie so vorgehen, dann wird Ihnen irgendwann eine Art Gedankenblitz zum Weihnachtsgeschenk für Ihr Kind kommen oder die richtige Schublade wird »zufällig« aufgezogen, in der die Schere liegt bzw. der Name des gesuchten Restaurants wird vielleicht in einem belanglosen Gespräch mit Bekannten oder Freunden ganz nebenbei genannt werden.

Deshalb stellen Sie sich immer wieder solche Übungsfragen – möglichst eine pro Tag –, bei denen Ihnen das Loslassen danach nicht schwerfällt. Auf diese Weise lernen Sie nicht nur, dass es funktioniert, nein, Sie lernen obendrein auch loszulassen, zu vertrauen und last but not least mehr und mehr die »zarte Stimme« Ihrer Intuition zu orten und sie auf diese Weise mit der Zeit aus Ihrem täglichen Gedankenwirrwarr herauszufiltern.

Derart geschult, können Sie nach einiger Zeit wirklich zu schwierigen Lebensfragen übergehen, weil Ihr Vertrauen zu Ihrer Intuition inzwischen viel, viel besser wurde und Sie auch die Geduld und Gelassenheit entwickelt haben, solange abwarten zu können, bis die Antwort kommt.

Je besser Sie mit der Zeit darin werden, umso schneller kommt die Antwort und desto klarer erkennen Sie, was Ihr Engel Ihnen mitteilen will, weil Sie nun zwischen Ihren eigenen Gedanken und der feinen Stimme Ihrer Intuition genauestens unterscheiden können. Übrigens kann man auf diese Weise in einem halben Jahr schon sehr viel erreichen, aber Sie müssen eben in diesen sechs Monaten auch sehr, sehr viel üben, üben und nochmals üben.

War das so richtig erklärt, Zacharias, was meinst du?

JA, DAS WAR zumindest eine praktikable und Erfolg versprechende Art, wieder besser in die Intuition zu kommen. Ich bin zufrieden, möchte aber noch hinzufügen, dass täglich eine halbe Stunde Meditation ein Übriges für einen baldigen Erfolg tun kann, weil der Mensch dabei mehr und mehr lernt, still zu werden und in sich hinein zu hören.

Stimmt, das hatte ich vergessen zu erwähnen, danke.

BITTE, IRGENDETWAS MUSSTE ich ja noch hinzufügen, sonst würde es dir etwas zu wohl werden, mein Sohn.

Silva: (lacht) Er kann es einfach nicht lassen!

(Lachen) Besser ein humorvoller Engel als ein verkniffener.

10. Kapitel

Was ist eigentlich ein Erzengel?

Was, Zacharias, ist eigentlich der genaue Unterschied zwischen einem Schutzengel und einem Erzengel, und steht Letzterer hierarchisch gesehen über einem Schutzengel?

NUN, DAS IST wieder eine typisch menschliche Frage. Zunächst einmal, in der göttlichen Energie gibt es weder Hierarchien noch Standesunterschiede, deshalb steht grundsätzlich niemand über niemandem. Trotzdem gibt es natürlich einen Unterschied zwischen einem Schutzengel und einem Erzengel. Ein Erzengel ist ein im Licht aufgestiegener Ur-Engel mit ganz anderen Aufgaben als wir Schutzengel. Sie, die Erzengel, sind nicht für den einzelnen Menschen da, sondern sozusagen übergeordnet für das gesamte größere Ganze und somit in der Endkonsequenz natürlich auch wieder für alle Seelen zuständig, aber ohne deshalb über uns Schutzengeln zu stehen.

Du selber hast aber den Weg des Schutzengels gewählt und hast daher nichts mit einem Erzengel gemein. Ist das richtig?

JA, ICH BIN ein Schutzengel, sonst wäre ich ja nicht bei dir. Nochmals, ein Erzengel kann kein Schutzengel sein und umgekehrt, weil beide völlig verschiedene Aufgaben haben.

Gut, das habe ich verstanden. Wir sprachen darüber, dass Menschen, wenn notwendig, durch Krankheit oder Unfälle so genannte »Weckrufe« erhalten, um wieder zu ihrem eigentlichen Lebensplan zurückzufinden. Nehmen wir aber nun einmal an, die Menschen würden alle von heute auf morgen – wie durch einen lauten universellen Gong geweckt – sich plötzlich alle wieder auf ihren ursprünglichen Lebensplan besinnen und auch wieder danach leben, so gesehen müssten doch nach meinem Verständnis dann auch schwere Krankheiten und Unfälle weltweit immens zurückgehen?

NEIN, DAS NICHT, erstens ist es gänzlich unmöglich, dass die Menschen alle auf einmal aufwachen, und zweitens sind diese Krankheiten und Unfälle ja keine Bestrafungen. Das ist jetzt wieder euer menschliches Schwarz-Weiß-Denken, aber damit würde sich ja die geistige Welt in das Einteilen von gut und schlecht begeben, verstehst du? Ich sagte dir ja bereits, dass die Erde ein Prüfungsplanet ist, auf dem es aus unserer Sicht keine Einteilung in gut oder schlecht gibt, sondern dass alles, was geschieht, nur Erfahrungen und Lernschritte sind.

Damit haben übrigens auch viele eurer spirituellen Lehrer so ihre Probleme. Sie meinen, dadurch, dass sie sich quasi zu einer Art »Klassenprimus« in Sachen Spiritualität hocharbeiten, wären sie die Besseren, die dadurch keine Krankheiten und Unfälle zu fürchten hätten. Das aber ist falsch. Es gibt kein Gut und Böse. Es gibt nur Lernpläne, die den individuellen Lernbedürfnissen der jeweiligen Seele entsprechen, und deshalb müssen alle dazugehörigen Stationen auf diesem Weg passiert werden - ohne Ausnahme. Die Unsicherheit muss bleiben, als Mensch lebst du immer in der Unsicherheit, weil sowohl diese Unsicherheit als auch dein Vertrauensvolumen dadurch auf dem Prüfstand stehen.

Ja, ich glaube, ich weiß, was du damit meinst. Vor einigen Jahren stand ich – wie du ja weißt – kurz vor der Pleite. Die Bank führte keine Abbuchungen mehr aus, weil ich 20.000 EUR Schulden, aber so gut wie keine Sicherheiten hatte, und auch Aufträge kamen zu diesem Zeitpunkt einfach nicht. Damals dachte ich: »Jetzt ist es aus!« Doch tief in meinem Inneren wusste ich irgendwie, dass das Leben weitergeht, nur, ich hatte natürlich keine Ahnung wie. Also – ich war damals ein fleißiger Leser der Bücher von Dr. Joseph Murphy – verzichtete ich von einer gewissen Stunde an auf alle Hektik und jegliche Aktivität, ging tagsüber spazieren und sagte mir immer wieder den Satz: »Alles wird gut, es geht positiv für mich weiter!« Natürlich hatte ich eine Sch…angst und Panik in mir, schlief abends nur ein, wenn ich genügend Alkohol intus hatte, und wachte morgens regelmäßig schweißgebadet auf. Aber nach vier bis fünf Tagen kam dann ganz plötzlich eine seltsame innere Ruhe auf, eine Art inneres Wissen, dass wirklich alles wieder gut werden wird.

Dann, nach etwa zehn Tagen, begannen sich plötzlich die Ereignisse im wahrsten Sinne des Wortes zu überschlagen. Ich kam nicht nur, wie durch ein Wunder, wieder an neue Aufträge, sondern hatte urplötzlich – sozusagen aus dem Nichts heraus – einen solch großen Erfolg, dass ich nach drei Monaten nicht nur meine gesamten Schulden zurückbezahlt hatte, sondern sogar noch 15.000 EUR Guthaben mein Eigen nennen konnte.

Geht es also darum, passiv und vertrauensvoll auf eine positive Lösung zu vertrauen, auch wenn die Aussichten noch so hoffnungslos und stockdunkel zu sein scheinen?

GENAU DARUM GEHT es, bravo! Gerade in der heutigen Zeit des Umbruchs fallen so viele Menschen in solche schwarzen Löcher (finanzielle Verluste, Arbeitsplatzverlust etc.). Erinnerst du dich noch? Zuerst hast du gekämpft, gekämpft und geschuftet, bis auch das nichts mehr half. Erst als du endgültig meintest, es sei nun sowieso alles zu Ende, da musstest du zwangsläufig loslassen. Diese Ruhe aber, die dann nach einigen Tagen in dir aufkam, das war das eigentliche Signal zum Umschwung, wie du heute weißt, und genau dies war auch dein Lernschritt, denn nun ist dieses Wissen fest in dir verankert, und du kannst dadurch ähnlichen Situationen, sollten sie einmal wiederkommen, wesentlich gewappneter und ruhiger begegnen. Nun weißt du genau, dass du niemals verloren sein wirst und es immer eine gute Lösung gibt. Siehst du, das sind diese Lernschritte und Prüfungen, die euer Vertrauen in euren Lebensplan, in Gott und seine perfekte Führung durch uns Engel immer mehr stärken, und genau deshalb musstest du auch durch diese Erfahrung gehen.

Du hattest, wie du ja selbst weißt, damals u. a. auch einmal an Selbstmord gedacht – zwar nicht konkret, aber der Gedanke war immerhin kurz da. Siehst du, hättest du diesen Weg damals gewählt, so müsstest du in einem deiner nächsten Leben nochmals in eine solche oder ähnlich gelagerte Situation hinein, um diese Prüfung dann eben beim zweiten oder dritten Mal zu bestehen. Ganz abgesehen davon, dass du nach deinem Selbstmord sofort und sehr deutlich in deinem Lebensfilm gesehen hättest, dass es durchaus in Kürze eine glückliche und höchst erfreuliche Lösung dieser schwierigen Lebenssituation gegeben hätte. Allerdings wäre es dann natürlich zu spät für dich gewesen. Also, habt Vertrauen und: »Denkt nicht wie ein Mensch!« Solange euer Abrufdatum nämlich noch nicht da ist, gibt es immer positive Lösungen, weil es der Sinn von Prüfungen ist, dass ihr sie besteht, daraus lernt und das Leben weitergeht.

Wenn es dir recht ist, Zacharias, so würde ich in diesem Zusammenhang gerne noch eine ganz kurze, aber, wie ich finde, sehr eindrucksvolle Geschichte erzählen, die beschreibt, wie wir alle uns in schwierigen, ja ausweglosen Situationen verhalten sollten – und warum.

NATÜRLICH, SCHIESS LOS, mein Sohn. Ich liebe Pausen.

Ein Mann geht am Rande einer Schlucht entlang, stolpert, kommt ins Straucheln, stürzt und kann sich in letzter Sekunde noch an den Zweigen eines großen Haselnussstrauches festhalten, der an diesem Abhang wächst. Seine Füße hängen bereits in der Luft über dem Abgrund und in seiner Todesangst schreit er verzweifelt nach Gott und bittet ihn um Hilfe.

Gott antwortet ihm: »Oh, du erinnerst dich tatsächlich noch daran, dass es mich gibt?«

»Ja«, ruft der Mann verzweifelt, »bitte hilf mir, ich stürze sonst ab.«

»Wenn ich dir garantieren würde, mein Sohn«, fragt Gott ihn daraufhin, »dass du von mir aus dieser Lage gerettet wirst, würdest du dann alles tun, was ich von dir verlange?«

»Ja, ja, alles, alles, wirklich!!! Alles!!!«, schreit der Mann und sein Blick geht voller Todesangst in die unter ihm klaffende Tiefe.

»Wirklich alles?«, fragt Gott nochmals nach.

»Natürlich, sag' mir nur, was ich tun soll. Ich mache es sofort.«

»Gut«, sagt Gott daraufhin, »dann lass den Busch los!«

Der Mann glaubt, sich verhört zu haben, und klammert sich noch etwas fester an den Ästen des Buschwerkes fest. Plötzlich hört er ein langgezogenes Knirschen und Knacken. Das Wurzelwerk des Busches, seine letzte Hoffnung, seine letzte weltliche Sicherheit sozusagen, löst sich zu seinem Entsetzen wie in Zeitlupe aus der Erde, reißt ab und der Mann beginnt zu fallen. Er will gerade zu einem letzten herzzerreißenden Todesschrei ansetzen, als er nach kaum 20, 30 cm freiem Fall von einem weichen Sandbett aufgefangen wird, in dem er sich völlig unversehrt abrollen kann. Er liegt in einem ausgetrockneten Bachbett!

Völlig verblüfft fragt er Gott, was denn bitte passiert sei, dachte er doch, nun sei alles zu Ende und er werde sein Leben innerhalb der nächsten Sekunden verlieren. Gott antwortet: »Dadurch, dass du vergessen hattest, dass es mich gibt, bist du davon ausgegangen, dass dann, wenn du selbst nicht mehr weiterweißt, alles zu Ende ist. Schon immer bist du nur über einem ausgetrockneten Bachbett mit etwa zwei Metern Höhenunterschied zum oberen Rand der Böschung entlanggegangen. Es war lediglich deine eigene Angstvision, die dir vorgaukelte, unter dir klaffe eine tiefe, tiefe Schlucht, in die du schutz- und haltlos hineinfallen würdest, sobald dein Verstand und deine Körperkraft keinen Halt mehr finden!«

Natürlich ist dies nur eine Metapher, aber eine sehr tiefsinnige, wie ich meine, denn damit sagt uns Gott: »Wenn ihr bereit seid loszulassen, auch wenn es eine noch so große (vermeintliche) Sicherheit ist, und wenn ihr dazu bereit seid, mir alles zu übergeben und nichts zurückzuhalten, dann wird jedes eurer Bedürfnisse auf das Wunderbarste erfüllt werden. Ihr werdet aufgefangen und euer Leben wird im Überfluss dahinfließen, denn ihr öffnet die Schleusen, wenn ihr mir alles übergebt.«

Je früher der Mensch die Stresssituation also loslässt und sich seiner geistigen Führung anvertraut, desto schneller wird er »aufgefangen«. Tut er das dagegen nicht und blockiert sich durch falschen Ehrgeiz, Hektik, Angst und von Panik bestimmte Reaktionen und Handlungen selbst, so werden die imaginären »Schluchten« seiner Einbildung mit der Zeit tiefer und tiefer – freier Wille!

SO IST ES, voilà, gratuliere!

Eigentlich sollte man dies schon den Kindern in der Schule beibringen, sehe ich das richtig?

EIGENTLICH JA.

Und warum tut man es nicht?

NUN, WEIL VIEL zu wenig Menschen bisher über dieses Wissen verfügen. Übrigens einer der vielen Gründe, warum wir dieses Buch miteinander schreiben. Wir tun dies u. a. deshalb, um immer mehr Menschen in dieses Wissen zu bringen, denn in euren momentan so schwierigen politischen und wirtschaftlichen Zeiten wird das Wissen um genau diese Zusammenhänge für die gesamte Menschheit immer wichtiger.

Aber jetzt ist es gut, jetzt denkt über das eben Gelesene nach, sonst wird es zu viel und ihr hinterfragt alles gleich wieder. Deshalb: Themenwechsel und das Erfahrene »sacken« lassen.

Also bitte, was willst du als Nächstes von mir wissen?

Mal so, mal so, warum?

Ja, ich denke, du hast Recht. Es gilt, die Dinge jetzt umzusetzen und sie nicht, wie so oft üblich, immer wieder kaputtzudiskutieren.

Also hier meine nächste Frage: Wenn ich dich nach Einzelheiten meiner früheren Leben frage, so sagst du mir, du musst, um mir angemessene Antworten geben zu können, zuerst die Akasha-Chronik einsehen. Wenn ich dich jedoch nach der abgebrochenen Schwangerschaft meiner ehemaligen Freundin aus dem Jahre 1978 frage, so antwortest du mir wie aus der Pistole geschossen und sagst mir sogar, dass dieses Kind damals ein Junge geworden wäre. Warum einmal so und das andere Mal dann wieder so?

DAS IST DOCH ganz logisch, erstens war ich nicht in allen deinen früheren Leben dein Engel, also kann ich über viele deiner anderen Vorleben, in denen ich nicht persönlich an deiner Seite war – ich habe ja schließlich auch ein paar Mal als Mensch auf der Erde gelebt – auch nichts wissen, ohne die Akasha-Chronik zu Rate zu ziehen.

Was die Seele dieses Knaben, die ihr beide 1978 nicht annehmen wolltet, betrifft, nun, da war ich ja als dein Engel an deiner Seite, und deshalb konnte ich dir auch auf diese Frage sofort antworten. Im Übrigen kann ich dir nicht über jedes deiner bisherigen ca. 1200 gelebten Leben etwas erzählen, denn schließlich sind darunter ja auch einige, in denen du natürlich auch manches Mal das Ungute gelebt hast, und das zu erfahren würde dich mit Sicherheit schockieren. Also muss ich mir zuvor genau anschauen, womit ich dich konfrontieren darf und womit nicht, um deine Seele nicht in Aufruhr zu bringen bzw. sie zu überfordern.

Du meinst, um mich zu schützen und mich vorsichtig Schritt für Schritt weiterzuführen?

NATÜRLICH, NEHMEN WIR doch einmal an – aber bitte, das ist jetzt nur ein hypothetisches Beispiel –, du wärst einmal ein Mörder gewesen oder vielleicht sogar ein Krieger, dem es großen Spaß machte, Menschen zu quälen und zu töten. Wenn ich dir nun Einzelheiten aus einem solchen Leben erzählen würde, so würde dies deine Seele zutiefst erschrecken und erkalten lassen. Also muss ich zuerst genau überprüfen, was ich dir sagen darf und was nicht. Das verstehst du doch, oder?

Ja, das verstehe ich durchaus. Stimmt es übrigens, dass Menschen wie beispielsweise Raucher, Trinker oder auch Fixer ihre weltlichen Süchte bzw. ihre jeweiligen Charaktereigenschaften wie Ungeduld, Wut und Zorn mit hinüber in eure Welt nehmen, wenn sie ihren Körper verlassen?

NATÜRLICH KÖNNEN MENSCHEN zornig, wütend und auch böse bei uns ankommen, und das dürfen sie auch. Sie können diese Dinge auch noch eine ganze Zeit mit sich tragen, wenn es sein muss 100 Jahre oder mehr. Aber irgendwann sind sie dann auch wieder bereit, sich in das Licht der Liebe hineinzubegeben.

Doch verzeih bitte, dass ich entgegen deiner Fragestellung zuerst mit den Charaktereigenschaften angefangen habe und lass uns nun zu den Süchten kommen. Gerade Süchtige leiden natürlich sehr, denn sie können ohne Körper ihren Süchten ja nun nicht mehr nachgehen. Aber sie werden natürlich immer wieder von Engeln besucht, betreut und beraten, so lange bis die Seele sich von diesen Altlasten löst und bereit ist weiterzugehen. Die Seelen werden aber nicht überredet, sondern es wird ihnen immer nur angeboten und vorgeschlagen: »Komm' doch, geh' doch mit uns auf den neuen, anderen Weg«, und dann kann die Seele entweder mitkommen oder, wenn sie stur sein will, weiterhin in ihrer Sucht verharren. Freier Wille!

Wie kann die Seele aber in der Sucht verharren, wenn kein Körper mehr da ist, über den diese ausgelebt werden kann? Das verstehe ich nicht.

NEIN, NEIN, DIE Sucht selbst ist mit dem Körper selbstverständlich zurückgeblieben, aber nicht die Sehnsucht nach der Sucht. Das ist das eigentliche Problem der Seele, denn sie selbst sieht und nimmt sich ja weiterhin noch etwa als Trinker wahr und fühlt sich mit diesem Verlangen noch verbunden. Also, die Sucht selbst ist zwar mit dem Körper auf der Erde geblieben, aber die prägnante Erinnerung und Identifikation an und mit der ehemaligen Sucht ist in der Seele natürlich immer noch vorhanden.

Wie wird eine Seele zum Mörder?

Es gibt in unserer Welt Menschen, die abseits der Gesellschaft stehen: Mörder, Terroristen, Verbrecher, Dealer und viele andere mehr. Nun kann ich mir aber beim besten Willen nicht vorstellen, dass diesen Menschen all diese Verbrechen als Lebensplan vorgeschlagen wurden. Was ist also passiert?

NUN, DIE MEISTEN haben sich schlicht und einfach weit von ihrem Lebensplan entfernt. Ich sagte ja schon, dass ein jeder den freien Willen hat, dies zu tun. Andererseits gibt es durchaus auch Lebenspläne - ob du es nun glaubst oder nicht -, in denen der Schützling die Erfahrung, einmal ein Mörder zu sein, bewusst gewählt hat. Schließlich sind ja Morde und andere Verbrechen an der Tagesordnung auf eurer Welt und somit auch ein untrennbarer Teil der ewigen Polarität. Ich sagte dir ja bereits, dass es auch das Ungute geben muss, allerdings immer mit der Maßgabe, daraus zu lernen, beispielsweise auch durch die Erfahrung einer langjährigen Gefängnisstrafe. Letztlich geschieht all das Ungute aber nur, um sich irgendwann durch die gemachte Lernerfahrung auch wieder aufzulösen, weil die Seele den Weg der Liebe einzuschlagen beginnt. Aber bitte bedenke auch, das oder die jeweiligen Opfer haben sich ja zuvor ebenfalls ganz bewusst auf genau diese Erfahrung eingelassen. Also: Opfer trifft Täter, Täter trifft Opfer. Niemals geschieht etwas zufällig im Universum. Ich weiß, dass dies für euch alles sehr schwer zu verstehen ist, aber du hast diese Frage gestellt, nun musst du und unsere Leser:innen auch lernen, die Antwort zu akzeptieren.

So schwer ist das für mich gar nicht zu verstehen, denn dies alles gehört aus meiner Sicht nun einmal zum menschlichen Leben, also muss es auch passieren, denn auch das Leben des Opfers ist ja ebenfalls genau vorgeplant, und deshalb ist die Begegnung beider »Parteien« ja auch gänzlich unvermeidlich.

NEIN, DAS IST es eben nicht!

Bitte? Jetzt verstehe ich langsam gar nichts mehr.

ALSO, ICH SAGTE Opfer trifft Täter, Täter trifft Opfer, aber jetzt aufgepasst, Stichwort: freier Wille. Überleg' einmal genau: Der »Noch-nicht-Mörder« muss nicht zwangsläufig zum Mörder werden, wenn er das nicht will. Er kann ja auch den Weg des Guten gehen und seinen Lebensplan im Einklang mit der Liebe leben. In diesem Fall würden das »Noch-nicht-Opfer«

und der »Noch-nicht-Täter« sich zwar zur gegebenen Zeit begegnen, aber es passiert eben nichts. Das »Nicht-Mordopfer« wird zur vorgesehenen Zeit zu uns zurückkehren, denn dieses Abrufdatum ist ja unverrückbar festgelegt, aber dann vielleicht deshalb, weil das Herz plötzlich stehen bleibt, und nicht, weil der Mensch umgebracht wurde. Der Nicht-Täter, der ja gar nicht zum Mörder wurde, muss dagegen nicht ins Gefängnis, weil er ja gar nicht angeklagt werden kann. Freier Wille, positive Wende! Sollte es allerdings zum Mord kommen, so nimmt das Schicksal eben für beide seinen Lauf, basta!

Das bedeutet aber, jede Seele weiß, dass sie zwei Wege gehen kann, entweder den aus unserer Sicht »guten« oder den »unguten«.

JA, DAS IST die hohe, hohe Verantwortung, deren sich eine Seele von vorneherein zu stellen bereit ist. Aber nicht nur sie, sondern nicht minder auch die eventuelle Opferseele, die sich ja auch ganz bewusst auf eine solche Erfahrung einlässt – schwer zu verstehen für euch, ich weiß.

Puh, o. k. Lassen wir es im Moment dabei bewenden. Ich denke, auch hier gilt »sacken« lassen und nicht kaputtdiskutieren. Nächste Frage also: Wenn eine Seele nach dem körperlichen Tod auf eurer Seite des Lebens ankommt, dann stehen als Erstes der Regenerationsschlaf, aber auch die Aufarbeitung des vergangenen Lebens als Mensch mit euch Engeln und mit früheren Wegbegleitern dieses Lebens an. Frage: Was von beidem kommt zuerst?

Eine Seele kann noch
30 Jahre auf der Erde bleiben,
wenn sie dies will!

NUN, ZU ANFANG, wenn eine Seele hier ankommt, ist sie natürlich noch sehr erdgebunden, z. B. an ihren früheren Körper, ihre frühere Umgebung, ihre Angehörigen, Freunde etc. Als Erstes wird deshalb der neu angekommenen Seele von ihrem Engel der Regenerationsschlaf, der ein, zwei Erdenjahre – auch das ist sehr individuell – dauern kann, angeboten. Der Engel versenkt diese Seele dann, falls sie dieses Angebot annimmt, und die meisten tun es, in den Schlaf und überwacht auch diesen Schlaf. Viele Seelen wachen aber auch oft sehr schnell wieder auf und wollen wieder zurück zur Erde und zu ihren Angehörigen. Aber in diesem Fall beruhigt der Engel sie immer wieder, sodass generell – keine Regel ohne Ausnahme natürlich – der Regenerationsschlaf eingehalten werden kann.

Wenn die Seele nach der ihr angemessenen Zeit von ihrem Engel wieder geweckt wird, beginnt die Aufarbeitung zusammen mit dem Engel sowie den ehemaligen Wegbegleitern und die Seele sieht noch einmal ihr ganzes Leben wie in einem Film Stück für Stück an sich vorüberziehen.

Du sagtest gerade: Keine Regel ohne Ausnahme. Was heißt das, bitte?

NUN, EINE SEELE kann z. B. auch noch 30 Jahre und mehr auf der Erde bleiben.

Wie das?

NEHMEN WIR EINMAL an, eine Mutter hat ein Kind geboren, ist bei dieser Geburt »gestorben« und es ist nun ihr Wunsch, dieses Kind als sozusagen »unsichtbare Mutter« noch weiter zu begleiten. Diese Bitte wird meist erfüllt und die Seele kann so lange erdgebunden bleiben, wie sie dies will. Denke aber bitte in diesem Zusammenhang wieder daran, dass diese 30 Erdenjahre hier bei uns sowieso nur wie ein Wimpernschlag sind. Danach beginnt die Seele mit dem Regenerationsschlaf und der Aufarbeitung des Lebens. Weißt du, hier bei uns gibt es keine Normen wie bei euch, alles ist sehr variabel. Ich verstehe aber auch, dass euch das alles sehr verwundert, denn ihr seid schließlich an Zeit und Raum gebunden, was wir in unserer Welt eben nicht sind.

(Silva schaltet sich ein): Ich kenne ein Mädchen, dessen Mutter heute nach 13 Jahren noch ständig um sie ist. Dieses Mädchen hat inzwischen eine ganz schreckliche Stiefmutter bekommen, und deshalb kümmert sich die Seele der ehemals leiblichen Mutter noch weiter um sie. Dieses Mädchen ist übrigens auch schon bei mir gewesen und hat mit der Seele ihrer Mutter ebenso gesprochen, wie du dies gerade jetzt mit Zacharias tust.

(Autor) Wenn ich mir vorstelle, dass wir drei mit diesem Dialog gerade mal an der Oberfläche zu kratzen beginnen, dann wird mir einerseits ganz anders, andererseits freue ich mich aber jetzt schon auf die kommenden Bücher, die ich mit dir zusammen noch produzieren darf. Ich komme mir wirklich sehr, sehr klein und winzig vor, wenn ich daran denke, wie groß Gott in Wirklichkeit sein muss und wie wenig wir alle – auch und im Besonderen die Kirchen und Konfessionen – von ihm wissen bzw. leider oft nur wissen wollen.

VERSTEHST DU NUN, warum ich dich fragte, ob du dieses Buch schreiben willst? Natürlich können wir darin nur einige wenige Fragen anreißen und behandeln, aber wir können andererseits viele Menschen in diesem für euch so schwierigen Zeitenwechsel aufrütteln, aufklären und motivieren, intensiv mit und an sich zu arbeiten.

Stimmt und deshalb sollte ich am besten gleich meine nächste Frage an dich stellen.

TU DAS, MEIN Sohn.

Zweigeschlechtlichkeit

Warum werden manche Menschen eigentlich zweigeschlechtlich geboren?

NUN, DER GRUND ist oft der, dass die Seele sich zunächst einfach nicht für ein bestimmtes Geschlecht entscheiden konnte. Es gibt eben Seelen, die sich nicht festlegen können und dann diesen Prüfungsweg einschlagen. Viele entscheiden sich erst nach einigen Jahren im Körper und nutzen dann die Kunst eurer weltlichen Ärzte, um zu dem Geschlecht zu werden, zu dem sie sich durchgerungen haben. Aber das ist auch eine sehr große und sehr schwierige Prüfung für all diese Menschen, wie du dir sicher denken kannst. Es gibt aber andererseits auch Seelen, die diese Prüfung von vornherein ganz bewusst wählen, auch wenn sie sich vielleicht für ein bestimmtes Geschlecht entscheiden könnten.

Ich habe einmal gelesen – um dieses Thema auch gleich wieder zu verlassen –, dass sowohl die Pyramiden in Ägypten wie auch die alte Inka-Stadt Machu-Picchu in den peruanischen Anden nur deshalb gebaut werden konnten, weil die damaligen Priester in der Lage waren, diesen riesigen Steinquader, die dabei verbaut wurden, durch bestimmte geistige Techniken ihr Gewicht »zu nehmen«, sodass sie leicht und fast mühelos von den Arbeitern bewegt werden konnten. Stimmt das?

JA, DAS STIMMT, viele Priester verfügten damals über die Gabe, Steine, so schwer sie auch waren, mit universeller Kraft in Kombination mit ihren eigenen geistigen Fähigkeiten vorübergehend weitgehend ihres natürlichen Gewichtes zu »berauben«, sodass diese dann relativ mühelos befördert werden konnten. Du weißt selbst aus eigener jahrzehntelanger Erfahrung, was mit der Kraft des Geistes alles möglich ist. Leider haben eure Wissenschaftler sich im letzten Jahrhundert sehr einseitig auf die technologische Weiterentwicklung konzentriert und den Kontakt zu den viel interessanteren Geisteskräften stark vernachlässigt. Doch der Geist ist das wirklich Entscheidende, nicht die Technik, aber darauf werden sich auch eure Wissenschaftler, ob sie nun wollen oder nicht, schon sehr bald wieder zurückbesinnen müssen.

Ich bin ehrlich gesagt sehr froh, dass du mir dies alles bestätigst, denn bisher bin ich fast immer ausgelacht worden, wenn ich darüber sprach.

SIEHST DU, ICH habe dir also wieder einmal eine wichtige Frage beantworten können, wo bleibt eigentlich mein Honorar? (Lachen)

186

Du gibst mir am besten deine aktuelle Bankverbindung und ich überweise es dir umgehend, sobald wir handelseinig geworden sind!

(Lachen) GUT, UND ICH schreibe dir eine Rechnung aus!

Abgemacht! (Lachen)

11. Kapitel

Heile deinen Körper

Nächste Frage: Louise Hay, die bekannte amerikanische Schriftstellerin, hat vor vielen Jahren ein wunderbares Nachschlagewerk über die seelischen Ursachen von über 100 körperlichen Krankheiten geschrieben und darüber, wie die Behandlung durch den Arzt mit laut gesprochenen Affirmationen (positiven Bejahungen) höchst wirksam unterstützt werden kann. Aber nicht nur das, sondern, was meiner Meinung nach noch viel wichtiger ist, sie zeigte auch glasklar auf, dass eine jede Krankheit immer nur der körperliche Spiegel eines ganz bestimmten seelischen Defizits sein kann. Was kannst du uns hierzu sagen?

NUN, DIESE FRAU hat eine sehr, sehr reine Gesinnung, und dieses Büchlein ist voll von sehr, sehr tiefsinnigen und sinngemäßen Wahrheiten, ein Buch, das du den Menschen übrigens aus tiefstem Herzen empfehlen kannst.

(Anmerkung des Autors: Das Buch heißt »Heile deinen Körper« und ist im Lüchow-Verlag in Freiburg erschienen.)

In diesem Zusammenhang auch gleich die nächste Frage: Wird sich eigentlich unsere gesamte medizinische Landschaft in den nächsten 50-100 Jahren deutlich verändern und wieder mehr in Richtung Ganzheitsmedizin respektive Naturmedizin entwickeln oder werden die Pharmaindustrie und die Apparatemedizin ihre unglaubliche Macht noch weiter ausbauen können?

NEIN, DIE MEDIZIN wird sich Schritt für Schritt immer mehr den universellen natürlichen, aber auch geistigen Heilmethoden öffnen. Es wird dann vor allen Dingen nicht mehr so viel operiert werden wie heute noch, und auch Pharmaprodukte werden keine so bedeutende Rolle mehr spielen wie bisher. Weißt du, die Menschen werden immer mehr umdenken und sich mit der Zeit auch nicht mehr so stark von der momentanen Medizin, die ja weniger am Wohl des Patienten interessiert, sondern sehr, sehr stark auf Profit und Gewinn ausgelegt ist, manipulieren lassen.

Zeitenwende, Lebenspläne und Erdenschicksal

Nächste Frage. Erstens: Sehe ich das richtig, dass wir uns momentan an der Schnittstelle befinden, an der »die heilige Kuh« des ausschließlich kopfgesteuerten Denkens und der rein technologischen Orientierung deutlich an Macht und Einfluss verliert und stattdessen das Geistige, die Gefühle, das Herz und die Herzensqualität wieder mehr in den Vordergrund treten? Und zweitens: Ist das auch der Grund, warum so viele Abläufe und Mechanismen, die vor Jahren noch ohne Weiteres funktionierten, dies jetzt nicht mehr tun und die Menschen weltweit sowohl beruflich als auch privat immer mehr Probleme bekommen?

NUN, »SCHNITTSTELLE« WÜRDE ich jetzt nicht sagen, denn ein Schnitt ist etwas Scharfes, etwas Hartes, nein, das ist es nicht. Aber es ist, und da gebe ich dir Recht, eine Übergangs- oder auch Umbruchzeit, in der die Menschheit aufgefordert ist, umzudenken und umzulernen. Aber auf Seelenebene – lass mich das kurz noch einfügen – wusste eine jede Seele, die heute auf der Erde inkarniert ist, im Voraus sehr genau, was in diesen Jahren des Umbruchs alles auf sie zukommen wird.

Das heißt, wir waren auf Seelenebene alle damit einverstanden, uns in diesem Umbruchprozess »prüfen zu lassen«?

JA NATÜRLICH, JETZT bleibt abzuwarten, wie der Einzelne mit den nun anstehenden Prüfungen und Herausforderungen umgehen kann und möchte. Deshalb geht es ja heutzutage auf eurer Welt auch so turbulent zu, egal ob in den einzelnen Familien, der großen Weltpolitik oder auch der Wirtschaft, weil sich das Negative zur Zeit nochmals stark aufbäumt, um seine Machtfülle nicht abgeben zu müssen. Aber das Negative wird, und das kann ich euch fest zusagen, keine Chance mehr haben, denn die Entwicklung des laufenden universellen Umbruchs ist nicht aufzuhalten. Natürlich erscheint euch das Negative im Moment noch sehr mächtig, aber ihr solltet auch wissen: Das »Licht« wird letztendlich immer siegen. Das war – wenn ihr die Weltgeschichte rückblickend einmal genau analysiert – aber schon immer so. Es ist eben das unaufhaltsame Rad des Schicksals, das sich immer weiterdreht und das von nichts und niemandem angehalten werden kann.

Also, Lebenspläne und Erdenschicksale, die miteinander verbunden sind?

JA, NATÜRLICH, NICHTS anderes.

Von der Spaß-
zur Angstgesellschaft

Unsere Welt ist im Moment eine einzige große Problemverdrängungsmaschinerie. Viele, hauptsächlich Jugendliche, suchten in den vergangenen Jahren ihr Heil in der Flucht in die Oberflächlichkeit. Die sogenannte »Spaßgesellschaft« wurde ausgerufen, um sich von all dem abzulenken, was man nicht sehen wollte. Dann kam der 11. September 2001, der die Welt zutiefst erschütterte, und von heute auf morgen hatten wir dann ganz plötzlich die Angst- und Panikgesellschaft, verwirrt, verängstigt und verunsichert, weil nun plötzlich alle gezwungen waren, doch genauer hinzusehen. Inzwischen schließen sich die Menschen immer mehr in ihre eigenen vier Wände ein, geben kein Geld mehr aus, warten aber andererseits dringend darauf, dass irgendjemand die Wirtschaft wieder für sie ankurbelt. Alle warten sozusagen auf den großen Messias, der wieder etwas verteilt, wo es längst nichts mehr zu verteilen gibt.

NUN, DIE MENSCHEN haben jetzt die Wahl: Entweder sie gehen in die Tiefe ihrer eigenen Seele, wo alle Lösungen für sie bereitliegen und darauf warten, entdeckt zu werden. Diese Lösungen bekommt man aber nicht geschenkt, sondern man muss sie sich durch eine umfassende Persönlichkeitstransformation hin zu Licht, Herz, Gefühl und Liebe über viele Jahre erarbeiten. Das alles hast du ja selbst schon am eigenen Leibe erlebt. Oder, und das ist zweifellos der bequemere Weg, die Menschen suchen ihr Heil in der Oberflächlichkeit. Diesen Weg haben die meisten natürlich vorgezogen, weil es eben der bequemere ist. Dann kamen die Ereignisse des 11. September 2001 in Amerika und zeitgleich die großen wirtschaftlichen und gesellschaftlichen Umbrüche und Herausforderungen. Dies alles führte dazu, dass die Menschheit wieder ziemlich unsanft auf dem harten Boden der Realität landete, wo sie nun zu großen Teilen völlig verunsichert, verwirrt, mutlos und verschreckt darauf wartet, daraus befreit zu werden. Es wird aber niemand kommen, die Menschen können sich nur selbst helfen.

All diese Ereignisse sind natürlich auch ein sehr, sehr deutlicher »Weckruf« gewesen, der die Botschaft in sich trug: Kehrt um, geht wieder den Weg zurück zu euren Wurzeln, denn die Lösungen sind längst da und liegen in euch selbst, deshalb ist es jetzt eure Aufgabe, sie in den Tiefen eures eigenen Seins aufzuspüren. Die Losung heißt: Gehe in dich und suche die Lösungen nicht, wie in den letzten 2000 Jahren üblich, ausschließlich im Außen, denn dort findet ihr sie nicht mehr.

Es geht also darum, sich sowohl von der Gier als auch von der Lebensangst weg zu entwickeln und sich auf die Suche nach dem Urvertrauen in uns zu begeben?

ABSOLUT, UND WAS zu tun ist auf diesem Weg, das haben wir ja schon einige Male im Verlaufe dieses Buches beschrieben.

O. K., wechseln wir also wieder das Thema.

IST MIR RECHT, ich finde das übrigens sehr gut, dass du meinen Rat befolgst und die Themenbereiche immer wieder wechselst, denn wir könnten – wie bereits erwähnt – sowieso zu jedem einzelnen Bereich ganze Buchregale füllen, nur dann würden wir den Menschen ein Alibi dafür an die Hand geben, das Erfahrene wieder endlos zu diskutieren, statt endlich ins Handeln zu kommen, und genau dies zu erreichen ist ja der eigentliche Sinn dieses Buches.

Dunkle Mächte, können sie uns etwas anhaben?

Gibt es eigentlich auch dunkle Mächte, die uns z. B. fremd-besetzen und negativ beeinflussen wollen, und können wir z. B. durch Flüche anderer Menschen, die auf uns lasten, vielleicht oder gerade aus früheren Leben, in unserer eigenen Entfaltung behindert oder beeinträchtigt werden?

WEISST DU, ES gibt immer einen Gegenpol, aber eben keinen, der gegen das Licht eine wirkliche Chance hätte. Es kommt immer darauf an, wie viel Macht die jeweilige Seele diesen Schattenbereichen zubilligt. Wendet sie sich bewusst dem Licht zu, so können sich die Schatten nicht länger halten, ganz einfach. Aber auch dunkle Mächte haben ihre Aufgabe, vergesst das bitte nicht. Ich würde sie »Prüfungsängste« nennen, sie prüfen nämlich, wie standfest und im Licht verankert die jeweilige Seele ist.

Apropos Licht! Wie leicht es ist, Lichtpunkte zu setzen, um mit nur ganz wenigen Worten Mut und Hoffnung zu machen, das fiel mir vor wenigen Tagen auf, als ich mich nach dem Abendessen zurücklehnte und den Fernsehapparat einschaltete. Wir haben hier bei uns in Deutschland nämlich eine Fernsehmoderatorin, die sich meist ganz schlicht und einfach mit dem Satz: »Alles wird gut!« von ihrem Publikum verabschiedet. In diesem kleinen, einfachen und bescheidenen Satz ist aber so viel wunderbare Kraft, Licht und so viel Zuversicht verpackt, dass ich mir manchmal denke: Effektiver kann man fast keine Lichtpunkte verstreuen. Siehst du das auch so, du guckst ja schließlich auch manchmal mit mir in diese Kiste?

KLAR, DAS SEHE ich genauso. Weißt du, du spürst das schon sehr gut, diese Frau setzt mit diesem Satz und der Art, wie sie ihn ausspricht, wirklich einen ganz starken Lichtpunkt. Sie muss allerdings auch sehr viel Nichtigkeiten verbreiten - früher hätte man gesagt: »Hofklatsch!« -, und vieles von dem, was sie während ihrer Sendung so alles durchgeben muss, ist auch sehr traurig. Deshalb macht sie es völlig richtig, indem sie zum Schluss einen hellen und schönen Lichtimpuls setzt, der übrigens viel, viel mehr bewirkt, als sie selbst weiß. Ich wünschte, ihr hättet in euren Sendern mehr Menschen von dieser »Sorte« sitzen.

Aber ich glaube, diese Frau weiß auch sehr genau, was und warum sie es tut!

JA, DAS WEISS sie, denn sie ist nicht unklug.

Was ist eigentlich
deine Arbeit zu Hause
in eurer Welt?

Du sagtest mir, dass du deine wissenschaftliche Ebene verlassen hast, um mein Schutzengel zu sein. Frage: Kannst du uns über die Inhalte dieser Arbeit etwas mehr sagen?

NUN, WIE SOLL ich euch das nur erklären, sagen wir so: Es ist eine übergeordnete, sozusagen weltenumspannende Tätigkeit. Es geht dabei darum, die Erde und das gesamte Universum für die Weiterentwicklung in den nächsten 30 bis 40.000 Jahren vorzubereiten. Weißt du, unsere Seite des Lebens ist sozusagen »uferlos«, und in diesem von der göttlichen Energie gelenkten »Uferlosen« ist der tiefere Sinn aller Ewigkeiten enthalten. Ich wüsste, wie bereits gesagt, im Moment nicht, wie ich es euch besser und verständlicher erklären könnte.

Ich denke schon, dass wir dies so annehmen können. Aber weil ich auch zwischen den Zeilen erkannt habe, dass die Antwort auf ein weiteres Nachhaken meinerseits noch komplizierter ausfallen würde, verzichte ich freiwillig darauf. Frage: Kann es sein, dass du uns weitere Einzelheiten – selbst wenn wir in der Lage wären, sie zu erfassen und zu verstehen – gar nicht mitteilen dürftest?

GENAU SO IST es, du bist ja ein richtiger Fuchs, gratuliere (lacht).

Müssen wir Angst vor einem Weltuntergang haben?

Drum, ich kenne dich doch inzwischen schon recht gut (schmunzeln). Als Nächstes habe ich mir folgende Frage notiert: Hier auf der Erde machen von Zeit zu Zeit immer wieder sogenannte Untergangspropheten von sich reden. Frage: Könnte die Welt überhaupt untergehen?

DAS IST AUCH wieder so ein Thema. Siehe, als der heutige Planet Erde einst noch unbelebt im Universum »herumschwebte«, war er lediglich einer von vielen unerleuchteten Planeten, aber irgendwann wurde er von Gott als Lebensraum für euch Menschen, die Tiere und Pflanzen bestimmt und zu diesem Zweck von ihm erleuchtet. Hier hat die Bibel absolut Recht, wenn sie sagt: »Und der Herr sprach: ›Es werde Licht‹«. Der Planet Erde wurde also – natürlich auch wegen seiner immensen Möglichkeiten als Lebensraum für Mensch, Tier und Pflanze – zum Prüfungsplaneten bestimmt und in der Folge dann auch von Bewohnern anderer Planeten besiedelt, die auch verschiedene Tier- und Pflanzenarten etablierten. Für uns ist ein solcher Ablauf nichts Besonderes, für euch allerdings schwer nachzuvollziehen. Solcher Art erhielt die Erde einst also ihren Status als Prüfungsplanet und wird nach meinem heutigen Wissensstand in den nächsten ein bis zwei Millionen Jahren auch nicht untergehen. Danach allerdings könnte es vielleicht sein, dass sie irgendwann einmal als Prüfungsplanet ausgedient hat und das Licht dann eines Tages erlischt. Aber das entscheidet ausschließlich das Göttliche, daher kann ich euch dazu im Moment nicht mehr sagen.

Also von wegen Urknall!

NATÜRLICH, DIE URKNALLTHEORIE ist doch lediglich Ausdruck der schieren Hilflosigkeit eurer heutigen Wissenschaft. Mit der wirklichen Realität hat sie nicht das Geringste zu tun. Weißt du, Menschen, die an sogenannte Zufälle glauben, haben normalerweise in der Wissenschaft überhaupt nichts zu suchen. Haltet euch da besser an die Schöpfungsgeschichte, wie sie in der Bibel beschrieben steht, damit seid ihr um Längen näher im Bereich der Wahrheit.

Apropos Zufälle, gibt es so etwas überhaupt?

NATÜRLICH NICHT, ANGENOMMEN du würdest das Wort Universum durch ein anderes ersetzen wollen, welches würdest du dann wählen?

Ich würde sagen: Kosmos!

RICHTIG, UND WEISST du auch, woher dieses Wort kommt und was es in eure Sprache übersetzt bedeutet?

Nein, ehrlich gesagt nicht.

NUN, ES KOMMT aus dem Griechischen und bedeutet: Ordnung! Ihr alle lebt also in einer vollkommenen Ordnung bzw. seid Teil dieser Ordnung. Eine jede Ordnung aber fußt immer auch auf unumstößlichen Gesetzmäßigkeiten und Abläufen, denn sonst würde es sich ja um keine Ordnung, sondern um das genaue Gegenteil, nämlich um ein »Chaos« handeln. Was aber, glaubst du, welcher Sprache das Wort »Chaos« wohl entspringt?

Ich nehme an, ebenfalls dem Griechischen.

RICHTIG UND ÜBERSETZT heißt es: Unordnung! Klar?

Klar!

SO WIE IHR Menschen das Wort »Zufall« interpretiert – nämlich als willkürlich auftretende Phänomene –, könnte es aber nur den Tatbestand des »Chaos« und niemals den der Ordnung erfüllen. Richtig interpretiert dagegen – es fällt euch immer nur das zu, was auch zu euch gehört – wird aber klar, dass ein jeder »Zu-fall« nur einem ewig gültigen Naturgesetz, in diesem Fall dem von Ursache und Wirkung, entstammen kann. Ergo befindet ihr euch mit eurer Interpretation des Wortes »Zufall« völlig auf dem Holzweg, leider!

Du glaubst gar nicht, wie schwer es ist, den Menschen genau das zu vermitteln, Zacharias. Denn die Mär vom sogenannten Zufall ist inzwischen schon fast so etwas wie eine »heilige Kuh« in unserer heutigen Gesellschaft geworden.

Lass mich bitte trotzdem nochmals auf die Frage mit dem Weltuntergang zurückkommen. Viele Bücher, die heute im Umlauf sind, berichten davon, dass der Menschheit schon bald ein Dritter Weltkrieg droht. Auch von immer mehr Naturkatastrophen und Vulkanausbrüchen ist darin die Rede. Was kannst du uns dazu sagen?

LASST EUCH DOCH nicht durcheinanderbringen von diesen ganzen Voraussagen. Ich mag sie nicht, weil sie wirklich nur Ängste in den Menschen schüren.

Wie ich schon sagte, die Erde wird immer ein Prüfungsplanet sein und bleiben, und dazu gehören nun einmal auch solche

Ereignisse. Nehmt die Dinge doch so, wie sie kommen. Schließlich wisst ihr ja auch nur, dass ihr einmal sterben werdet, aber eben nicht, wann und wie. Also was soll das Ganze?

Deshalb: Tagtäglich in die Spiritualität gehen, an euch arbeiten, positiv denken und vor allen Dingen der Liebe immer mehr Raum und Aufmerksamkeit schenken. Dann können euch mit der Zeit auch all diese verschiedenen Horrormeldungen nicht mehr erschrecken.

Danke, Zacharias, dass du dies so deutlich klargestellt hast. Nun zu meiner nächsten Frage: Vor ein paar Tagen fragte mich ein Seminarteilnehmer, ob eigentlich gute und wirklich harmonisch geführte Ehen auch im »Himmel« fortgesetzt werden können.

JA, SOLCHE LEUTE, wie du dies eben beschrieben hast, die über viele Jahrzehnte eine gute oder auch sehr gute Ehe führten - natürlich inklusive aller menschlichen Hochs und Tiefs, wie Streit, Zank, Krach und Versöhnung – können, wenn sie hier in der geistigen Welt angekommen sind, durchaus darum bitten, noch für ein paar »kleine Ewigkeiten« (kosmisches Späßle) zusammenbleiben zu dürfen, und dies wird ihnen dann auch ohne Weiteres erlaubt. Aber irgendwann werden sie dann doch aufgefordert werden, sich wieder zu trennen, und nachdem die Erdgebundenheit sich nach etwa zehn Jahren Aufenthalt in unserer Welt fast gänzlich aufgelöst hat, stimmen die jeweiligen Seelen dann meist auch, ohne groß zu murren, einer solchen Aufforderung zu.

Warum eigentlich? Warum können sie nicht weiterhin zusammenbleiben?

NUN, WEIL BEIDE Seelen ansonsten mit der Zeit zu Zwillingsseelen werden würden und dadurch würden sie ja ihren Status, ein einmaliges Unikat zu sein, verlieren, was aber nicht ausschließt, dass ihnen vielleicht fünf oder sechs Leben später wieder erlaubt wird, erneut ein weltliches Ehepaar zu werden. Sie könnten es aber auch mit Macht schon früher durchsetzen, würden dann aber vielleicht sehr unglücklich miteinander werden, um daraus zu lernen, dass es nichts bringt, etwas zu erzwingen. Auch wieder ein Lernschritt, eine Erfahrung, aus der viel gelernt wird. Immer dasselbe!

Schuld und Sühne

Gut, gehen wir gleich zur nächsten Frage: Nehmen wir an, ein Lokomotivführer übersieht ein Signal, verursacht dadurch einen Zusammenstoß mit einem anderen Zug und dadurch sterben – sagen wir – 20 Menschen. Erstens: Ist es richtig, diesen Lokomotivführer deshalb für Jahre ins Gefängnis zu stecken? Zweitens: Und wenn ja, hatte er dieses Schicksal, also seinen Beruf, seine Laufbahn und den Tag seines Dienstes, bewusst so gewählt, um zu erfahren, wie es ist, mit einer solchen Gewissenslast jahrelang im Gefängnis zu sitzen?

JA, DAS WAR dann sein Schicksal, es war der Weg, für den er sich entschied. Er hätte ja auch – wie ihr inzwischen wisst – den anderen Weg gehen können, dann wäre er an diesem Morgen vielleicht im Bett geblieben und jemand anderer hätte diesen Zug gefahren.

Aber ich verstehe das doch richtig: Keines der Opfer hätte seinem Abruf zu dieser Stunde entgehen können, auch wenn die Entscheidung des Lokomotivführers zuvor eine andere gewesen wäre?

NEIN, ABER GUT, dass du fragst. Wenn die Stunde des Abrufs einmal da ist, kann ihr niemand entgehen. Irgendein anderer Lokomotivführer hätte dann eben diesen Zug gefahren. Nochmals: Niemand kann seinen Abruf verändern, verschieben oder gar verhindern!!!

Kinderlosigkeit
und Adoption

Warum können manche Menschen partout keine Kinder bekommen und was möchtest du uns zum Thema Adoption sagen?

ES GIBT EHELEUTE, in deren Lebensplänen keine eigenen Kinder vorgesehen sind, und das gibt vielen dann die Gelegenheit, vielleicht einem armen Waisenkind eine Heimat zu geben. Manche Menschen fühlen sich natürlich auch bestraft und erzwingen deshalb oft mit aller Macht eine Schwangerschaft. In diesem Fall kann es dann aber sein, dass sie Seelen zu sich ziehen, mit denen sie alles andere als glücklich werden. Wenn also ein Ehepaar auf dem normalen Weg der körperlichen Vereinigung keine Kinder bekommen kann, so ist dies keine Bestrafung, sondern die Chance, vielleicht andere wichtige Aufgaben in diesem Leben zu übernehmen. Es gibt aber auch ungeduldige Menschen, die einfach nicht warten und vor allen Dingen nicht loslassen können. Meist bekommen diese oft dann, nachdem sie gerade ein Waisenkind adoptiert hatten, doch noch ein eigenes Baby oder sogar Zwillinge.

Ja, genau, warum kommt dies so oft vor, dass zuerst überhaupt nichts klappt und danach dann alles?

NUN, DURCH DIE Adoption hatten diese Eltern von heute auf morgen damit aufgehört, mit aller Macht ein Kind zeugen zu wollen, und die Natur hat reagiert, weil sie nun durch diesen Zwang ja nicht mehr blockiert war. Verstehst du? Ihr alle kennt doch sicher solche Fälle. Menschen neigen nun einmal zu Zwängen, weil sie niemals wirklich gelernt haben, Gott, ihrem Lebensplan und natürlich auch uns Engeln zu vertrauen.

Das hört sich logisch an, ja. Mich würde noch interessieren: Wie weit bzw. wie eng ist eigentlich der Spielraum bei der Erfüllung unseres Lebensplans? Kannst du uns dazu etwas Näheres sagen?

WEISST DU, DURCH den freien Willen habt ihr tatsächlich einen sehr großen Spielraum, in dem ihr euch bewegen könnt. Wenn ihr also positiv zu denken und zu handeln lernt, euch auf das Gute, das Humane und die Liebe konzentriert und nie aufgebt, so seid ihr natürlich immer auf einem sehr vielversprechenden und mit Sicherheit auch erfolgsorientierten Weg. Natürlich: Das, was schicksalhaft im Lebensplan eingebunden ist, wird, ja muss sogar kommen. Krankheiten, Unfälle, Abschiede, Prüfungen, Sorgen einerseits und Glück, Haus, Partner, Kinder, Geld, Karriere andererseits. Nur der Mensch kann, und das tun heutzutage leider sehr viele, seinen Lebensplan auch selber »beschmutzen«, und zwar durch Gier, Egoismus, betrügerische Machenschaften oder auch durch die

Schädigung anderer, egal ob auf seelische oder materielle Weise. In diesem Fall muss er dieses Leben dann vielleicht irgendwann wiederholen. Es kommt also hauptsächlich darauf an, einerseits in Ehrlichkeit, Liebe und Treue zu leben und andererseits die diversen Herausforderungen im Leben mutig anzugehen, um Führung zu bitten, zu glauben und zu vertrauen. Dann hat der Mensch alles getan, um seinem Lebensplan eine höchst konstruktive Richtung zu geben. Trotzdem muss der karmische Weg, wie vorgesehen, gegangen werden, Sicherheit gibt es keine. Aber darüber hatten wir ja bereits gesprochen.

Was genau ist eigentlich Karma?

Gut, dass du das noch angeschnitten hast. Was heißt eigentlich »Karma« genau?

KARMA IST DIE Energie, die ihr Menschen euch im Laufe der Inkarnation, die ihr in eurem Körper verbringt, immer wieder erschafft, weil ihr so gelebt habt, wie ihr es tatet. Egal ob gut oder weniger gut, ihr erschafft, ob ihr wollt oder nicht, immer Situationen und Konsequenzen, die sich im Drehbuch späterer Leben in der einen oder anderen Form wiederspiegeln. Karma ist! Basta! Man kann ihm nicht entgehen. Es entsteht einfach und kann von nichts und niemandem verhindert werden. Das Karma ist sowohl der eigentliche Motor der Inkarnationen als auch die Grundlage der ewigen Schule weltlichen Lebens, durch die ihr geht, um zu lernen und euch euren Seelenreichtum zu erarbeiten.

Sehr gut, danke für diese Erklärung.

BITTE SEHR, GERN geschehen.

So, Zacharias, nun komme ich zu meiner letzten Frage, die ich mir notiert hatte. Was sagst du eigentlich Menschen, die von mir Beweise möchten für das, was wir in diesem Buch zusammen geschrieben und besprochen haben?

ZUERST LASSE DICH bitte immer mehr in deine wunderbare Ruhe und Würde hineinfallen. Sei bewusst der Mann, der andere Wege gehen möchte, und lass dich durch solche Fragen weder aus der Ruhe bringen noch gar ärgern. Weißt du, die Menschen wollen immer Beweise, nur – und jetzt hört alle sehr gut zu – wenn ihr von einem Engel einen Beweis fordert, bekommt ihr gar nichts. Wenn ihr aber nichts fordert und euch stattdessen auf den Weg begebt, dann offenbart sich euch mit der Zeit alles, was ihr wissen möchtet und noch viel, viel mehr! Aber das hören die Menschen nicht so gerne, ich weiß. Gleichwohl ist es – wie sagt ihr doch so schön – »Fakt«.

(Anmerkung des Autors: Trotzdem kann ich mir vorstellen, dass einige von Ihnen ungeachtet dessen aber durchaus an den bisher vorliegenden Beweisen bzw. Forschungsergebnissen, soweit diese mit den Aussagen von Zacharias übereinstimmen bzw. diese untermauern, interessiert sind. In dem Fall möchte ich Ihnen drei der für mich persönlich beeindruckendsten Bücher empfehlen:

1. Hände weg von diesem Buch – Jan van Helsing – Amadeus-Verlag, Fichtenau

2. Alles ist Gott – Hannes Holey – Amadeus-Verlag, Fichtenau

3. Reinkarnationsbeweise – Prof. Ian Stevenson – Aquamarin-Verlag, Grafing.

Ich mache Sie aber gleichzeitig auch ausdrücklich darauf aufmerksam, dass diese Bücher durchaus in der Lage sind, Ihr bisher gültiges Weltbild bis tief in die Grundfeste hinein zu erschüttern!)

(Silva schaltet sich ein) Ja, diese Erfahrung habe ich auch schon gemacht. Sobald jemand beginnt, so etwas wie Beweise zu fordern, bekomme ich keinerlei Antworten mehr durchgegeben. Ich sage dann immer zu meinen Gästen: Hören Sie bitte auf zu fordern und lernen Sie zuzuhören, denn dann werden Sie feststellen, dass in dem Gesagten so unendlich viel steckt, wenn, ja wenn Sie lernen, wirklich richtig hinzuhören!

Man könnte also sagen: Hört endlich auf damit zu fordern und fangt an, in euch hineinzuhören. Alle Antworten sind in euch, denn ein jeder Mensch ist auch ein kleines, in sich geschlossenes, vollkommen intaktes Universum.

GENAU SO IST es mein Sohn!

Apropos in sich hineinhören, Zacharias, was, meinst du, könnte ich den Lesern noch an Hilfestellungen anbieten, um ihre Intuition so zu trainieren, damit sie mit der Zeit selbst in einen direkten Dialog mit ihrem eigenen Schutzengel treten können? Du weißt ja, dass Silva Pantini seit Jahren schon bis an die Grenzen ihrer Kraft mit Klienten gesegnet ist und so gut wie niemanden mehr annehmen kann und will.

NUN, DIE MENSCHEN können nicht erwarten, ohne entsprechende Vorbereitung und Schulung so mir nichts dir nichts einfach mit ihrem eigenen Schutzengel ins Gespräch zu kommen, ich glaube, das haben wir im Verlaufe des Buches auch klar zum Ausdruck gebracht. Aber du selbst kannst doch inzwischen auf eine 21-jährige Erfahrung als Trainer auf dem Gebiet der Selbstfindung sowie der Auflösung von Blockaden in Intuition und Unterbewusstsein zurückblicken. Biete unseren Lesern doch einfach an, dass du in der Zukunft bereit bist, zu ihnen zu kommen, wenn sie ihrerseits dazu bereit sind, einen solchen Workshop mit mindestens 25 oder 30 Teilnehmern für dich zu organisieren. Dort kannst du sie dann schulen und sie lehren, wie sie am besten an und mit sich selbst arbeiten können, um künftig nicht nur mit den verschiedensten Herausforderungen in Sachen Gesundheit, Finanzen, Beruf, Partnerschaft, Leben und Tod besser umgehen zu können, sondern darüber hinaus auch noch ihre Intuition immer mehr für einen eigenen direkten Dialog mit ihrem Schutzwesen zu öffnen.

Ja, das ist eine gute Idee, Zacharias, und all die Leser, die sozusagen sofort den »Turbo« zuschalten wollen, können dann ja in meine 2-Tages-Aktivtrainings kommen, um sich dort 48 Stunden lang einer seelischen »Wellness-Kur« zu unterziehen und sich ihre »dicksten« unterbewussten Blockaden, Ängste, Selbstbewusstseins- bzw. Selbstzweifel hochprofessionell von mir und meiner Trainercrew auflösen zu lassen.

NATÜRLICH, DU WEISST doch selbst, wie viel tiefe und unglaublich positive Veränderungen all die Menschen, die sich auf eure Trainings in den letzten 14 Jahren einließen, danach in ihrem Alltag erlebten.

Im Übrigen hast du ja nicht umsonst die Gabe geschenkt bekommen, für diejenigen deiner Klienten, die während dieser 48 Stunden besonders effektiv loslassen konnten, auch noch den ganz persönlichen Schutzengel herbeirufen zu können, der sie dann bei der Hand nimmt und sie einige Schritte durch den Raum führt.

Danke für diesen Tipp, genau das werde ich tun, Zacharias.

BITTE SEHR, DAS habe ich gern getan.

Aber nun, Zacharias, ist es – so schwer es mir auch fällt – langsam an der Zeit, dass wir drei uns von den Leser:innen verabschieden.

JA, DAS IST richtig, also, nun ist alles gesagt für heute. Nun denkt, fühlt und spürt dem nach, sonst wird es zu viel und ihr fangt wieder an, das Gehörte auseinanderzunehmen und zu zerreden. Ihr alle seid ohne Ausnahme beschützt von uns Engeln, ihr seid immer in Gottes Hand, in der Hand des Universums und in der Hand eures ganz persönlichen Schutzengels. Ihr alle kennt nun die Wahrheit, die ganze Wahrheit, denn ich, Zacharias, repräsentiere ebenso wie auch euer ganz persönlicher Schutzengel ausschließlich die Ebene der Wahrheit, und deshalb dürfen wir Engel auch nur die Wahrheit an euch verströmen. Verlasst euch darauf, glaubt an Gottes Liebe und glaubt an euch selbst, an eure Kraft und an euren eigenen Lebensplan. Und nun setzt das Erfahrene um, Peter wird euch ganz bestimmt entscheidend dabei helfen können, wenn ihr dies wollt.

Und so gebe ich euch allen meinen Segen, denn auch ich darf segnen. Ich segne euch alle mit der ganzen Liebe des Universums, erwärmt euch daran, lebt in Freude und Frieden und macht Frieden mit der Vergangenheit, denn sie ist unwiderruflich vorbei. Lernt daraus. Glauben und Vertrauen in Gegenwart und Zukunft, das sollte von nun an eure Parole sein, vergesst dies bitte nie.

Ich danke nun auch noch Silva für ihre Kraft und meinem ganz persönlichen Schützling und leiblichen Sohn aus früheren Leben Peter für die oft nicht ganz einfache und leichte Arbeit an und mit diesem Buch.

Gott segne euch alle.

In Liebe
Zacharias

Nachwort

Liebe Leserinnen und Leser,

während ich an diesem Buch schrieb, wurde ich von Zacharias eines Abends intuitiv dazu aufgefordert, den Fernsehapparat einzuschalten. Es war genau 22.28 Uhr, und während ich so am »Durchzappen« war, sah ich im Programm Hessen 3 plötzlich folgende schriftliche Ankündigung:

Jetzt: Jenseits reisen
An der Grenze des Todes

Schmunzelnd und gleichzeitig meinen Dank an Zacharias verbal ausdrückend, lehnte ich mich in meinem Sofa zurück und schaute mir genüsslich diese Sendung an, die kurz darauf pünktlich um 22.30 Uhr begann. Es handelte sich dabei um einen in der Zusammenarbeit mit Wissenschaftlern erstellten Bericht, in dem ganz normale Menschen mit ebensolchen bürgerlichen Berufen und ohne die geringste psychologische oder gar spirituelle Vorbildung vor laufenden Kameras von ihren jeweiligen Nahtoderlebnissen berichteten. Übereinstimmend sprachen alle befragten Personen von einem hellen, angenehmen Licht, auf das sie plötzlich zugingen. Manche sagten auch, sie spürten in diesem Moment sehr deutlich die Gegenwart einer Art Wesenheit. Manche sprachen von einer wunderbaren Sphärenmusik, die zu hören war, von Landschaften, die sie sahen, mit Bächen, Bäumen, Wiesen, mit unbekannten wunderschönen Blumen und Pflanzen. Viele erzählten, dass ihre längst verstorbenen Verwandten da waren, um sie ähnlich wie ein Begrüßungskomitee zu empfangen. Die meisten berichteten davon, dass sie beim Austritt ihrer Seele ihren Körper unter sich liegen sahen und ihr ganzes Leben – von der Geburt bis zum Austritt aus dem Körper – wie in einem Film vor sich ablaufen sahen. Einige der Interviewten, die diese Erlebnisse z. B. während einer Operation hatten, berichteten sogar, dass sie trotz Vollnarkose deutlich die Gespräche des Operationsteams hören konnten. Und als sie die operierenden Ärzte später darauf ansprachen, bestätigten diese höchst erstaunt, dass das Berichtete tatsächlich während dieser Zeit gesprochen worden war. Das besonders Interessante aber war, dass alle – ich glaube, es waren 8-10 Personen, die solche Nahtoderlebnisse bei Operationen oder auch nach Unfällen hatten und völlig unabhängig voneinander berichteten – aussagten, dass ihnen irgendwann von einer sehr deutlichen und klaren Stimme mitgeteilt wurde, sie müssten nun wieder zurück in ihren Körper, weil ihre Stunde noch nicht da sei und ihr Lebensplan noch zu Ende gelebt werden müsse.

Vielleicht haben ja auch Sie, liebe Leser:innen sogar eine oder mehrere Folgen dieser äußerst interessanten Serie gesehen. Wenn nicht, so achten Sie doch einfach ein wenig darauf, ob sie eventuell in irgendeinem der dritten Programme oder auch in der ARD wiederholt wird, damit Sie sich von diesen Geschehnissen selbst überzeugen können. Es lohnt sich, darauf zu achten.

Kurz vor dem Ende unseres letzten Gespräches sagte Zacharias, dass er mich und Silva in einem der nächsten Bücher mit der Ebene des »Schicksals« respektive der »Liebe« oder auch der »Treue« verbinden könne und bemerkte, dass dies ein noch viel, viel interessanteres Gespräch geben könne, als das in diesem Buch abgedruckte. Nun sind sowohl Silva als auch ich auch nur Menschen und reagierten natürlich zunächst auch mit Verwunderung und Sprachlosigkeit. Zacharias lachte und sagte: »Mund zu, ihr beiden, die ersten Frühjahrsfliegen sind schon unterwegs, verschluckt mir ja keine.«

Ich will damit sagen: Glauben Sie bitte nicht, dass wir beide alles immer gleich verstehen und nachvollziehen konnten, was uns so übermittelt wurde. Zacharias sagte mir übrigens auch bereits im Vorfeld zu diesem Buch, dass sich im Verlauf der Zeit natürlich auch viele Menschen melden würden, die mir unterstellen würden, ich hätte mir diesen Dialog aus den Fingern gesogen. Mit Sicherheit wäre ich mit keinem Engel im persönlichen Gespräch gewesen, weil es so etwas in der sogenannten Realität gar nicht gebe. Nun, damit muss ich leben, das weiß ich, und das war mir auch von vorneherein klar.

Bilden Sie sich also am besten Ihre eigene Meinung über die Zusammenhänge von Leben, Tod und Wiedergeburt, denn die Mystik von heute, liebe Leser:innen, war schon immer die Wissenschaft von morgen. Und Wissenschaft selbst, so sagte mir einmal eine sehr, sehr kluge Medizinalrätin aus Sachsen: »Wissenschaft, lieber Peter – und das meine ich jetzt ganz bestimmt nicht despektierlich – ist immer nur der gegenwärtige Stand des Irrtums!«

Zum Schluss noch dies: Bevor ich mich entschloss, dieses Buch zu schreiben, testete auch ich Silva und ihre Gabe, mit den Engeln zu reden, auf Herz und Nieren, indem ich ihr zehn Menschen beiderlei Geschlechts, von denen ich mir sicher war, dass sie spirituell entsprechend vorgebildet waren, zuführte, um sie unabhängig voneinander mit ihrem jeweils eigenen Engel in Kontakt zu bringen. All diese Menschen kannten sich untereinander nicht, weil sie aus den verschiedensten Teilen Deutschlands stammten. Ausnahmslos alle zehn stellten bei ihrer jeweiligen Sitzung Fragen aus ihrem Leben, deren Antworten nur sie selbst wissen konnten. Auch konnten alle zehn mit ihrem jeweiligen Engel ca. 60 – 80 Minuten sprechen, erfuhren dessen Namen und bekamen die von ihnen gestellten Fragen zu ihrer vollsten Zufriedenheit beantwortet. Mit einigen dieser Menschen habe ich mich gleich im Anschluss an ihre jeweilige Sitzung bei Silva dann auch persönlich getroffen. Sie alle waren zwar noch leicht benommen von der Intensität des Erlebten, aber emotional auch so tief berührt, dass ich immer wieder mit Papiertaschentüchern aushelfen musste. Auch ich selbst erlebte solche tiefen Glücksmomente vor und während der Gespräche mit Zacharias, aber auch später beim Schreiben des Manuskripts, die mir immer und immer wieder die Tränen in die Augen trieben. Allerdings waren zugegeben auch einige Lachtränen dabei, denn Zacharias hat einen solch großartigen Humor, dass Silva und ich manchmal minutenlang das Gespräch unterbrechen mussten, weil wir vor lauter Lachen nicht mehr in der Lage waren weiterzumachen. Aber ich glaube, das geht aus diesem Buch ja auch sehr gut hervor. Dies, liebe Leser:innen, wollte ich Ihnen zum Schluss sozusagen in eigener Sache noch mitteilen.

So, nun möchten sich auch Silva und ich noch mit einem, wie wir beide finden, außergewöhnlich schönen Gedicht von Hermann Hesse von Ihnen verabschieden:

Das Leben, das ich selbst gewählt!

Ehe ich in dieses Erdenleben kam,
ward mir gezeigt, wie ich es leben würde.
Da war die Kümmernis, da war der Gram,
da war das Elend und die Leidensbürde.
Da war das Laster, das mich packen sollte,
da war der Irrtum, der gefangen nahm.
Da war der schnelle Zorn, in dem ich grollte,
da waren Hass und Hochmut, Stolz und Scham.

Doch da waren auch die Freuden jener Tage,
die voller Licht und schöner Träume sind.
Wo Klage nicht mehr ist und nicht mehr Plage,
und überall der Quell der Gaben rinnt.
Wo Liebe dem, der noch im Erdenkleid gebunden,
die Seligkeit des Losgelösten schenkt,
wo sich der Mensch der Menschenpein entwunden
als Auserwählter hoher Geister denkt.

Mir ward gezeigt das Schlechte und das Gute,
mir ward gezeigt die Fülle meiner Mängel.
Mir ward gezeigt die Wunde draus ich blute,
mir ward gezeigt die Helfertat der Engel.
Und als ich so mein künftig Leben schaute,
da hört ein Wesen ich die Frage tun,
ob ich dies zu leben mich getraute,
denn der Entscheidung Stunde schlüge nun.

Und ich ermaß noch einmal alles Schlimme –
»Dies ist das Leben, das ich leben will!«
Gab ich zur Antwort mit entschlossner Stimme.
So war's, als ich ins neue Leben trat.
Und nahm auf mich mein neues Schicksal still.
So ward ich geboren in diese Welt.
Ich klage nicht, wenn's oft mir nicht gefällt,
denn ungeboren hab ich es bejaht.

Hermann Hesse

Über den Autor

Peter Kummer (1950 – 2012)

Der 1950 in Stuttgart geborene Autor widmete sein Leben der Aufgabe, den Menschen eine Weltansicht zu zeigen, die voller Positivität, Lichtblicke und Hoffnung war. Heute noch, 10 Jahre nach seinem Tod, sind seine Bücher aktuell wie nie zuvor. Sie wurden weltweit in mehr als 10 Sprachen übersetzt und mit mehr als 65 Auflagen zu Bestsellern wie *Nichts ist unmöglich* oder *Ich will, ich kann, ich werde*. Bekannt und gefragt im Funk und Fernsehen und als Persönlichkeits-Coach, Mentaltrainer, Referent und Seminarleiter hat er vielen Menschen auf ihrem Weg zu einem bewussten und glücklichen Leben geholfen.

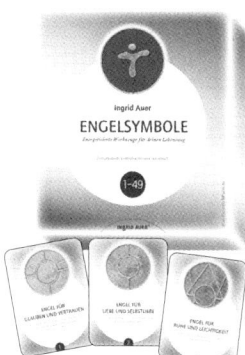

49 Symbolkarten, 144 S.
Handbuch, in Box
ISBN 978-3-96933-035-7
€ [D] 36,00

Ingrid Auer

Engelsymbole
Energetisierte Werkzeuge für deinen Lebensweg

Ingrid Auer ermöglicht uns den Zugang zur Engelwelt und deren Unterstützung und Rat in jeder Situation.

Die Engelsymbole lösen seelische und körperliche Blockaden auf, energetisieren die Chakren, Wasser und Nahrungsmittel und bieten eine Fülle von Anwendungsmöglichkeiten: Selbsterkenntnis, Lebensweg, Lernaufgabe. Sie dienen darüber hinaus als Tageskarte, Schutzkreis, Fernheilung- oder Meditationskarten.

Für Anfänger, Profis und für jeden der Unterstützung von der Engelwelt benötigt und die Kraft von Symbolen und Farben nutzen möchte.

152 Seiten, Illustrationen,
durchg. farbig, Flexocover
ISBN 978-3-89845-474-2
€ [D] 14,95

Bernadette Saphira Huber

So fühlen sich Engel an
Deine Verbindung zur Engelwelt

Bernadette Saphira Huber baut mit diesem Buch eine breite Brücke, über die du gehen kannst, um die Gegenwart der himmlischen Helfer zu erfahren. Sie eröffnet den Zugang zu genau den Engelkräften, die gerade wichtig und richtig sind – ob zur Heilung, als Hilfe in aufwühlenden Lebensphasen oder für persönlichen Schutz. Ihre einfühlsame und klare Anleitung erlaubt dir, die Welt der Engel zu erleben und eine Verbindung zu ihnen aufzubauen. Sie hilft dir, dich dem Engel zu nähern, den du gerade brauchst, um die unterstützende Kraft des Engels, seiner Liebe und seiner heilenden Präsenz intensiv zu erfahren.

336 Seiten, 2-farbig, inkl.
Lesezeichen, broschiert
ISBN 978-3-89845-570-1
€ [D] 19,95

Miriam Oberstaller & Helene Sarah Gruber

Ein Geschenk des Himmels für dich und mich
Die wesentlichen Fragen an das Leben

Die Schnelllebigkeit unserer Zeit und immer neue Aufgaben konfrontieren viele jeden Tag mit neuen Herausforderungen und immer wieder auftauchenden Fragen.

Die drängendsten Fragen an das Leben haben zahlreiche Menschen für dieses Buch gesammelt, und die geistige Welt hat jede einzelne davon liebevoll beantwortet …

Einfühlsam, berührend und mit viel Humor führt die geistige Welt durch dieses Buch und schenkt in ihren Antworten Kraft und Segen. Dieses Buch möchte Menschen wieder zur Einfachheit führen, in die Selbstermächtigung und Selbstliebe.

136 Seiten, broschiert
ISBN 978-3-930243-69-3
€ [D] 12,95

Sally Bongers

Alltägliche Erleuchtung
Sieben Geschichten über das Erwachen

Jenseits des Rampenlichts: Wie Erleuchtete ihren Alltag erleben
Sally Bongers gelang es, sieben Menschen aufzuspüren und zu interviewen, die nach ihrem Erwachen im Verborgenen blieben und nicht wie andere zu Lehrern und/oder Autoren wurden. Anonym schildern sie hier die Geschichte ihrer Transformation und berichten davon, wie sich ihr Alltag seitdem gestaltet. Dabei räumen sie mit zahlreichen falschen Vorstellungen von der Erleuchtung auf, die viele spirituelle Sucher hegen. »Ich erkenne jetzt, daß es jedem ›passieren‹ kann. Es gibt keine Voraussetzungen für Erleuchtung«, schreibt die Autorin dazu.

256 Seiten, Flexocover
ISBN 978-3-89845-434-6
€ [D] 16,95

Nadja Berger

Hellsicht, Medialität, Channeling
Mediale Fähigkeiten verstehen und anwenden

Nadja Berger macht Sie mit der Kunst der medialen Wahrnehmung und Kommunikation vertraut und begleitet Sie dabei, diese zu erkunden und auszuüben.
Viele praktische Anleitungen und Übungen zur Schulung eigener sensitiver Fähigkeiten helfen Ihnen Grenzen zu überschreiten, die einem normalerweise gegeben sind und Dinge zu überschauen, die man aus der alltäglichen Position heraus nicht wahrnehmen kann.
Entdecken Sie Ihre medialen Fähigkeiten, stärken Sie Ihre Intuition und begegnen Sie Ihren geistigen Helfern! Dieses Buch macht es möglich.

168 Seiten, broschiert
ISBN 978-3-96933-006-7
€ [D] 16,00

Ingrid Theresia Bleier

Mit deinen 7 Sinnen zum gesunden Menschsein
Wie wir wieder lernen, uns selbst zu vertrauen

Wie lebe ich gesund und wie orientiere ich mich in turbulenten Zeiten? Das ist die Frage nach gesundem Menschsein und Menschbleiben. Das Wissen um die eigenen 7 Sinne zeigt uns einen einfachen Weg, wie wir zu Achtsamkeit, Balance und Klarheit finden. Der Mensch ist mehr als sein Körper – unser Sinnessystem ist der Zugang zu bewusster Wahrnehmung, Intuition und Selbstbestimmtheit.
Das Buch ist ein Leitfaden für jeden, der sich auf seine 7 Sinne verlassen und einen inneren Kompass entwickeln möchte. Es öffnet neue Türen, um jede Herausforderung perfekt zu meistern und zugleich körperlich und seelisch gesund zu bleiben.

176 Seiten, broschiert
ISBN 978-3-89845-675-3
€ [D] 14,00

Kurt Tepperwein

Alles ist, wie du bist!

Finde deinen Flow

Für ein sinnvolles und schöpferisches Leben.
Für alle, die sich selbst neu begegnen und besser kennenlernen
möchten, um im Leben etwas zu verändern und die Welt anders
wahrzunehmen.
Das neue Buch von Kurt Tepperwein gibt dir die Möglichkeit,
eigene Gedanken, Glaubenssätze und Verhaltensmuster zu hin-
terfragen und auch zu verändern. Dabei musst du nicht linear
lesen, sondern kannst dir dein Thema heraussuchen – je nachdem, was gerade wichtig ist.
Ein Workshop zu dir selbst!

192 Seiten, Klappenbroschur
ISBN 978-3-89845-661-6
€ [D] 12,00

Werner Ablass

Leide nicht – liebe

Über die Liebe zur Liebe ohne Objekt

Wer leidet, befindet sich auf einer tiefen Schwingungsebene
und zieht dementsprechend negative Lebensumstände an. Wer
liebt, schwingt auf der höchstmöglichen Schwingungsebene
und wird dadurch automatisch zum Magneten für Harmonie,
Glück und Erfolg.
Dieses Buch zeigt, wie man trotz aller Widrigkeiten im Alltag
in die Schwingung von Agape gelangt – einer Liebe, bei der das
Objekt völlig zweitrangig ist. Das heißt: Man liebt nicht, weil
man bestimmte Menschen, Dinge oder Situationen liebenswert
findet; man liebt, weil man merkt, wie gut es einem dabei geht.

144 Seiten, 2-farbig, broschiert
ISBN 978-3-89845-667-8
€ [D] 10,00

Melani B

Wortinspirationen für neue Blickwinkel

Tagesimpulse, um ins Tun zu kommen

Erlebe dich neu!
Lass dich durch die bunte Vielfalt der Wortinspirationen berühren. Durch eigene Eintragungen unter den Impulsen hast du die
wundervolle Möglichkeit, Anregungen, neue Sichtweisen und
Ideen sowie einen klaren Blick für eigenes Erfühlen, Erkennen
und Handeln zu gewinnen.
Eine spannende Reise zu dir selbst beginnt. Denn die beste Zeit
ist immer jetzt.
Neue Blickwinkel lohnen sich immer!

49 Herzkarten in Box
ISBN 978-3-89845-208-3
€ [D] 13,90

Sigrid Mahncke

Lichtengel
Zur Heilung von Körper und Seele

Die Lichtengel bringen Heilung für Körper und Seele und breiten ihre Flügel wie einen schützenden Mantel der Liebe über dir aus. Allein indem du dich in die Energien der visionären und sanften Engelbilder vertiefst, wirst du fast augenblicklich zur Ruhe kommen – und in der Lage sein, dich auf den wesentlichen Kern deines Lebens besinnen zu können...

128 Seiten, 2-farbig, broschiert
ISBN 978-3-96933-025-8
€ [D] 12,00

Jen & Hendrik Lind

Trosthelden helfen – Trauernde erzählen
Immer noch da – immer noch nah

Da ist dieses Lied, das plötzlich überall läuft, der Fremde der vertraute Dinge zu uns sagt oder seltsame Begegnungen im Traum. Alles Zufall oder sind das »liebe Grüße von oben«? Wenn sich nach dem Tod eines geliebten Menschen unerklärliche Dinge ereignen, werden solche Fragen laut. Nur spricht fast niemand davon obwohl solche Ereignisse oft vorkommen.

Die Autoren haben wundersame Geschichten zusammengetragen, die beweisen dass es zwischen Himmel und Erde mehr gibt als wir denken und geben Tipps um die Wahrnehmung zu schulen, und so die Zeichen Verstorbener zu erkennen und Trost darin zu finden.

256 Seiten, broschiert
ISBN 978-3-96933-015-9
€ [D] 15,00

Ilona Friederici – Deine Mutmacherin

So geht's mir gut!
Aus Krisen lernen

Altes darf gehen und Neues entstehen. Ein Buch das zeigt, wie gerade in schwierigen Zeiten Wertvolles entstehen kann und dass Krisen auch zu einem Geschenk werden können.

»So geht's mir gut« erzählt von einem Mädchen und einer jungen Frau. Die eine lebt im Himmel und die andere auf der Erde. Sie erleben diese aktuelle Zeit ganz unterschiedlich – oder auch wieder nicht.

Du lernst durch die irdische und »himmlische« Sicht, wie das Leben wirklich funktioniert ... und so war es niemals leichter aus jeder Krise einen Ausweg zu finden, wenn man nur den Blickwinkel ändert.

Weiterführende Informationen zu
Büchern, Autoren und den Aktivitäten
des Silberschnur Verlages erhalten Sie unter:
www.silberschnur.de

Natürlich können Sie uns auch gerne den
Antwort-Coupon aus dem beiliegenden
Lesezeichenflyer zusenden.

Ihr Interesse wird belohnt!